한국 근대의학의 선구자
해관 오긍선

한국 근대의학의 선구자
해관 오궁선

제1판 1쇄 발행일 2020년 3월 10일

엮은이 해관 오긍선선생 기념사업회
펴낸이 주혜숙

펴낸곳 역사공간 | 등록일 2003년 7월 22일 제6-510호
주소 03996 서울시 마포구 월드컵로 100 한산빌딩 4층
전화 02-725-8806 | 팩스 02-725-8801
전자우편 jhs8807@hanmail.net

ISBN 979-11-5707-214-9 03910

책값은 뒤표지에 있습니다. 잘못된 책은 바꾸어 드립니다.
이 도서의 국립중앙도서관 출판예정도서목록(CIP)은
서지정보유통지원시스템 홈페이지(http://seoji.nl.go.kr)와
국가자료종합목록 구축시스템(http://kolis-net.nl.go.kr)에서
이용하실 수 있습니다. (CIP제어번호 : CIP2020008742)

한국 근대의학의 선구자
해관 오긍선

해관 오긍선선생 기념사업회

역사
공간

발간사

올해로 해관 오긍선 선생께서 태어나신 지 142년, 작고하신 지 57년이 되는 해이다. 초판 전기가 나온 것은 1977년으로 해관 오긍선선생 기념사업회가 주관하여 작고하신 이희대 선생이 글을 써주시고 연세대학교출판부가 출판을 맡았다. 오긍선 선생의 차남인 오진영 선생께서 이 작업을 위해 물심양면 후원을 해주신 바 있다.

이제 42년이라는 세월이 흐르다 보니, 재고로 남아있는 전기도 더이상 없고 그동안 오긍선 선생과 관련한 글들이 국내외로 발표되면서 개정판 혹은 증보판 작업이 불가피한 상태가 되어 몇 해 전부터 이에 대한 작업이 시작되어야 한다는 의견들이 나오기 시작했다.

이에 따라 해관 오긍선선생 기념사업회와 연세대학교 의과대학 피부과학교실은 이 사업을 진행하기 위한 준비를 하면서 초판과 동일하게 만들어낼지, 구어체를 현대인이 쉽게 읽을 문체로 바꾸어 출판할지 아니면 모든 내용을 전면적으로 바꾸어 새로운 형태의 전기를 만들지 여러 번의 검토를 하게 되었다. 특히 초판의 경우 오긍선 선생을 기억하는 가족, 지인들의 기억을 더듬어 녹취 형태로 글을 쓴 경우라 사료 검토를 통해 보완이 필요한 상태였다.

지난 2017년은 오긍선 선생이 우리나라에서 최초로 1917년 5월 14일 오늘의 연세대학교 의과대학 전신인 세브란스연합의학전문학교에 피부생식비뇨기과를 창설하신 지 백 년이 되는 해로서 이를 기념하기 위한 행사가 마련되었고, 역사를 되돌아보는 특강이 마련되었다. 이는 오긍선 선생 전기를 준비하는 입장에서는 사업 추진의 활력이 붙는 기회가 되었고 연세대학교 사학과 김도형 교수께서 세브란스 시절의 오긍선을 주제로 발표하며 새로운 자료들을 소개해주셨다.

이를 토대로 연세대학교 국학연구원 연세학풍연구소 전문연구원인 정운형 박사가 집필을 맡으시고 김도형 교수께서 감수해주시게 되니 전기가 처음 계획한 대로 사료를 중심으로 글이 되어 내용이 매우 충실해지고 구성이 전면적으로 바뀐 새로운 형태로 만들어지게 되었다. 성운형 박사는 안양, 군산 등 현지를 찾아 직접 확인하며 글을 준비해주시고 김도형 교수는 동북아역사재단 이사장으로서 바쁜 일정에도 불구하고 이를 일일이 감수해주셔서 이 자리를 빌어 충심으로 감사를 드린다.

해관 오긍선 선생은 우리나라 개화기, 일제강점기를 거쳐 해방까지 미국에서 서양 의학을 배우고 우리나라에 현대 의학을 의과대학 교육으로 정착시킨 선구자일 뿐만 아니라 권력과 부귀영화를 탐하지 않고 고아 돌봄을 통해 평생 사회사업에 헌신한 분이 시다. 이분의 일생을 돌아봄은 우리나라의 험난한 역사적 배경과 함께 의사, 종교인, 교육자, 사회사업가로서 이 시기를 어떻게 살아가게 되는지 파란만장한 대서사시를 읽는 느낌을 가지게 된다.

이러한 오긍선 선생의 뜻을 기리는 사업으로 1977년 처음 개최된 기념학술강연회는 매년 개최되어 어느덧 42회에 이르렀고, 연세대학교 내에 오긍선 동상 제막, 오긍선기념공로상, 오긍선기념의대학생메달, 전기 제작 등이 이어지고 있다.

끝으로 실무를 맡아 도와주신 연세대학교 의과대학 피부과학교실의 정기양 교수, 이주희 교수, 내용 확인을 도와주신 오긍선 선생 가족분들, 출판을 무리 없이 마무리해주신 출판사, 그리고 무엇보다 해관 오긍선 선생을 기념하는 사업이 이루어질 수 있도록 최초의 기초를 마련해주신 이성낙 전임 해관 오긍선선생 기념사업회 이사장께 깊은 감사를 드린다.

2020년 1월 1일
해관 오긍선선생 기념사업회 이사장
방동식

차례

발간사 · 5

1부 해관 오긍선의 삶

과거를 준비하다 · 13
산골 아이 · 13 / 결혼과 과거 준비 · 15 / 갑오개혁으로 사라진 과거 급제의 꿈 · 17

서양 학문을 익히다 · 23
배재학당 시절 · 23 / 협성회와 독립협회 활동 · 32 / 미국 유학 · 42

의료선교사로 돌아오다 · 59
미국 남장로회의 한국 선교 · 60 / 의사 교장 · 74 / 교육 사업 평가 · 85

세브란스의 첫 한국인 교수 · 88
새로운 일터, 세브란스연합의학교 · 88 / '세브란스의 백과사전' · 100
동경 유학과 의료선진국 시찰 · 102 / 의사 수칙과 10계명 · 111

'연세'의 초석을 놓다 · 117
오긍선을 후계자로 지명한 에비슨 · 117 / 의학의 대중화와 새로운 의학 지식의 전파 · 125
세브란스의전의 발전과 종합대학의 꿈 · 136

교내 분규와 일본 침략 앞에서 · 145
교장 시절에 겪은 학내 분규 · 145 / 조선총독부의 친일파 양성과 회유 · 150
솔선수범한 정년퇴임 · 152

좋은 이웃을 꿈꾸며 · 156

소외된 이웃과 함께 · 156 / 해방의 감격과 전쟁의 슬픔 · 161
이승만과의 해후와 결별 · 167 / 두 번째 공직 · 169

착한 양, 오 박사 · 174

착한 아들 · 174 / 소파상(小波賞) 수상 · 183 / 기라성 같은 제자들 · 191
국내 최대의 의사 가족 · 195 / 회고 · 197

2부 기록 속 오긍선

추모의 글 · 205

편지 · 223

신문·잡지 기사 · 233

에필로그 · 259

해관 연보 · 264 / 참고문헌 · 270 / 사진목록 · 274 / 찾아보기 · 277

1부

해관 오긍선의 삶

과거를 준비하다
서양 학문을 익히다
의료선교사로 돌아오다
세브란스의 첫 한국인 교수
'연세'의 초석을 놓다
교내 분규와 일본 점탁 앞에서
좋은 이웃을 꿈꾸며
착한 양, 오 박사

과거를 준비하다

고도古都 공주에서 한 아이가 태어났다.
그의 부모는 전통을 따라 그에게 한문을 가르쳤다.
A. I. 러들로, 1925

산골 아이

1860년대에 들어 조용했던 조선은 풍전등화 같은 위기에 직면했다. 서양 오랑캐가 쳐들어와 강화도에서 두 차례의 대규모 전쟁이 일어났다. 이런 소문은 조용한 충남 공주의 산골 마을에도 들려왔다. 삼남 지방을 중심으로 농민들이 굶주리고, 그 농민들의 민란이 전국으로 번졌다.

'양이洋夷(서양 오랑캐)'가 몰려오는 것을 두고 임금과 그의 아버지가 갈라서고 또 조정 대신들까지 패가 나뉘어 서로 대립하고 있다는 소문이 전해졌다. 이러한 소문을 접한 마을 사람들은 금 방이라도 무슨 큰일이 일어날 것 같은 위기감에 사로잡혔다.

고종은 어린 나이에 왕위에 오른(1863) 탓에 10여 년 동안 아버

함양척화비

지 흥선대원군에 가려 있었다. 하지만 최익현이 서원 철폐 등을 들어 올린 계유상소(1873. 11)를 기화로 친정을 시작하면서 문호 개방을 선언했다.

한양 도성에서 가장 가까운 제물포항(인천항)이 열리고, 부산에는 일본제일은행 지점이 개설되었다. 몇 해 후에 조선은 미국과 조미수호통상조약을 맺었다(1882. 5). 그리고 고종은 신구 갈등이 빚은 임오군란을 수습하며 전국에 세워진 척화비를 대부분 철거했다.

이럴 때 산골 마을 사곡면 운암리에 손자를 애타게 기다리는 노모와 함께 해주 오씨 인묵 부부가 살았다. 이 부부는 1878년 10월 4일 아들을 낳았다. 아버지는 아들이 신중하되 인색하지 않고 넉넉한 사람이 되라고 이름을 긍선兢善이라고 지었다. 해주 오씨 23대손이었다.

오긍선 가문의 시조 오인유吳仁裕는 고려 때 검교군기감을 지냈다. 9대조 추탄공楸灘公 오윤겸吳允謙(1559~1636)은 조선 중엽의 대유학자인 우계牛溪 성혼成渾(1535~1598)의 문하생으로, 선조 때 사마시司馬試에 합격하여 관찰사와 좌부승지를 지냈고, 인조반정 후 노서老西의 영수가 되어 대사헌과 이조판서를 역임한 뒤, 우의정과 영의정에 올라 선정을 베풀어 어진 재상으로 후세까지 칭송을 받았다. 특히, 그는 임진왜란 뒤 통신사로 일본에 건너가 왜병에게 끌려간 군민들을 데리고 왔다. 이런 공으로 국왕으로부터 충정공忠貞公이란 시호를 받았다. 병자호란 때 삼학사三學士 중 한 사람인 추담공秋潭公 오달제吳達濟(1609~1637)는 오윤겸의 조카로 별시문과에 장원으로 급제해 부교리副校理에 올랐다. 그는 청나라와의 화의를 반대하다가 홍익한, 윤집과 함께 심양瀋陽으로 잡혀가 살해되었으며, 충렬공忠烈公이란 시호를 받았다. 7대조 서파공西坡公 오도일吳道一(1645~1703)은 숙종 때 도승지와 대사헌을 거쳐 대제학과 병조판서를, 6대조 평곡공平谷公 오수엽吳遂燁(1689~1758)은 청주목사를 각각 지냈다. 한편, 오긍선의 아버지 오인묵吳仁默(1850~1933)은 종오품 벼슬인 봉훈랑과 선공감 감역을 지냈다.

결혼과 과거 준비

조선시대 양반 가문에서 태어난 자제들은 너나 할 것 없이 관직에 오르기 위해 과거科擧를 준비했다. 관직으로 나아가기 위해서는 반드시 시험에 합격해야 했고, 관직은 개인은 물론 집안의 명예를 높이는 빠른 길이었다. 대개의 양반 가문에서는 자식의 입신출세를 위해 어려서부터 천자문을 시작으로 유교 경전에 이르기끼지 가르치며 과거를 준비시켰다.

오인묵은 어린 아들에게 『천자문』과 『동몽선습』을 손수 가르쳤다. 그리고 긍선이 여덟 살이 되었을 때부터 이당진서당으로 보내 체계적으로 한문을 배우도록 했다. 개구쟁이는 서당에 다녀와서 고희古稀(일흔 살)를 앞둔 할머니의 시중을 드는 한편, 아침저녁 청량한 목소리로 책을 읽어 집안 어른들을 기쁘게 했다. 12, 13세에 오언, 칠언의 시구를 지어 운韻을 붙여 집안 어른들을 놀라게 했다.

그 당시에는 어린 나이에 결혼하는 조혼 관습이 있었다. 몇 대에 걸쳐 손이 귀한 오씨 집안에서는 긍선의 혼인을 서둘렀다. 오긍선의 집에서 그리 멀지 않은 곳에 밀양 박씨 영대朴永大가 살고 있었다. 박씨에게 딸이 하나 있는데, 어려서 당시의 사람들이 가장 무서운 역병의 하나로 여긴 두창痘瘡(천연두)을 앓았다. 하지만 긍선의 아버지는 일찍부터 박씨의 여식을 며느릿감으로 마음에 두고 있었다. 그는 집안 어른들이 아들을 칭찬하며 장가보내도 되겠다는 말에 용기를 내어, 박씨 규수댁으로 사람을 보내 의중을 살폈다. 이렇게 해서 오긍선은 열네 살 되던 해에 다섯 살 위인 박현진朴玄眞과 결혼식을 올렸다. 혼인 예식을 치르고 며칠 지나서, 긍선은 과거 준비를 위해 이후李㷞의 문하로 들어갔다.

그 당시에는 자연재해와 사회적 혼란 그리고 일본에 의한 양곡 반출이 극심해 식량 부족 현상이 자주 일어났다. 관리들의 횡포와 부조리, 수탈과 착취도 난무했다. 이에 농민들의 원성이 하루가 다르게 높아졌다. 그리고 마침내 흉흉함에 동요하던 민심이 동학의 접주 전봉준을 중심으로 전북 고부군에서 폭발했다. 고부 군수 조병갑의 횡포에 시달리던 농민들이 농기구를 들고 거리로 나선 것이다. 하늘을 찌를 만큼 높아진 동학 농민의 기세는 전국으로 퍼져 나갔다.

동학 농민군은 관군을 물리친 여세를 몰아 서울로 올라가는 길목인 공주를 진격했다. 하지만 동학 농민군은 우금치에서 벌어진 두 차례의 큰 전투에서 일본군과 연합한 관군에게 크게 패했다. 그리고 전봉준은 12월 초에 순창에서 관군에 의해 체포되고 말았다. 이때 오긍선이 살고 있던 집이 화를 입었다. 집이 마을 어귀에 자리하고 있었기 때문에, 동학 농민군이 우금치로 진격하는 전투 와중에 거의 파괴되었다. 일곱 식구는 몸만 겨우 빠져나와 배를 타고 군산으로 피난했다.

갑오개혁으로 사라진
과거 급제의 꿈

조정 대신들은 동학 농민군이 삼남 일대에서 일으킨 봉기에 당황하여 갈팡질팡했다. 다급해진 정부는 동학 농민군을 진압하기 위해 청나라에 지원병을 요청했고, 청나라는 곧바로 군대를 조선에 파병했다. 그러자 일본도 톈진조약天津條約(1885)에 따라 청나라의 군대 파견을 빌미로 우리나라에 주둔할 군대를 출동시켰나. 그리고 일본은 조선을 독점적으로 지배하기 위해 청일전쟁을 일으켰다.

미국 선교사들은 조미수호통상조약(1882)이 체결된 이후 의사,

교사로 신분을 위장하고 조선에 들어왔다. 제중원에서 활동하던 교사와 의사들은 1890년대에 들어서면서부터 선교 활동을 전국으로 확대했다. 선교사들이 전국으로 나아가 선교 사업을 수행할 수 있었던 것은 언더우드 Horace G. Underwood(1859~1916)의 고아원 사업과 에비슨 Oliver R. Avison(1860~1956)의 콜레라 방역 활동 등이 주효했기 때문이다. 두 사람은 교육과 의료 활동으로 조선 사람이 서양인에 대한 반감을 줄이는 데 크게 이바지했다. 게다가 정부에서는 개신교 선교사의 선교 활동을 거의 간섭하지 않았다. 그러자 미국 교회뿐만 아니라 호주, 캐나다 교회에서도 선교사를 파송하기 시작했다. 따라서 교회 설립을 위한 활동은 삼남 지역에서도 왕성하게 이루어졌다. 이때 언더우드의 노력으로 미국 남장로회 소속 선교사들이 합류했다.

미국 남장로회는 1892년부터 호남 지역에 선교하기 위해 사업을 추진할 지역을 선정하고, 집과 대지를 마련할 계획을 세웠다. 하지만 동학 농민군이 봉기함에 따라 1894년 봄부터 충청도와 전라도에서의 선교를 위한 모든 활동을 중단해야 했다.

일본은 청나라와 전쟁을 치르는 와중에 조선 정부의 관리 가운데 청나라에 우호적인 인사들을 가려 몰아내고 그 자리를 친일 성향의 인사로 채웠다. 그리고 그들이 바라는 방식으로 개혁을 강요했다. 내각 수반에 오른 김홍집(1842~1896)은 일본이 제시한 조건을 받아들여 갑오개혁을 단행했다. 이처럼 일본의 주도로 시작된 갑오개혁은 조선의 자강과 주권 확보보다 일본의 대륙 진출을 유리하게 하는 정책을 더 많이 추진한 제도 개혁이었다. 이를 통해 친일 관리들은 일본이 그토록 바라던, 조선을 청나라의 간섭에서 떼어내어 조공 관계를 끊는 정책을 추진했다.

일본이 개혁 과제로 조선 정부에 요구한 것은 ①정치제도의 개혁과 인재의 등용, ②재정의 정리와 조세의 균등한 부과, ③사법권의 보존과 공정한 재판제도 실시, ④군경제의 충실로 안녕질서 확약, ⑤학제의 정비와 인재 양성 등이다. 김홍집 내각은 군국기무처를 신설하는 등 정치제도를 개혁하며, 청나라와 맺은 관계를 청산하고 대신 일본과 공수동맹攻守同盟을 체결했다.

이때 추진된 제도개혁 내용 중에는 조선시대 줄곧 유지해온 과거제도를 폐지하는 것이 포함되어 있다. 이로 인해 오긍선처럼 과거를 준비하던 젊은이들은 과거 급제라는 꿈을 포기해야 했다.

오긍선은 예측하기 어려운 앞날에 대한 걱정으로 한숨만 연신 내쉬었다. 먼 산의 나뭇잎 색깔이 바뀌고, 하늬바람에 은행잎이 한 잎 두 잎 마당으로 떨어지는 걸 바라볼 뿐 아무것도 할 수 없었다. 그러한 나날을 보내던 중 오긍선은 스승 이후의 부름을 받았다. 이후는 새로 마련된 인재 등용 방식에 따라 내부內部에 오긍선을 추천하고, 그 사실을 알려주었다.

오긍선은 집으로 돌아와 서울에 올라가게 된 사정을 부모님께 말씀드렸다. 그리고 아내에게도 알렸다. 하지만 심경이 복잡했다. 자신이 바라던 관직에 나가게 되어 기쁘기도 하지만, 부모와 아내를 두고 떠나야 한다는 사실에 마음 한편이 무거웠다. 아무 걱정하지 말라는 아내에게 집안 살림을 맡기고 오긍선은 부모님께 하직 인사를 올렸다. 그의 나이 열여덟 살, 1896년 초였다.

고종이 경복궁을 떠나 어가를 러시아공사관으로 옮기는 초유의 사태가 발생했다. 오긍선이 내부 주사로 관직에 나가던 그해 초에 일어났다. 흔히, 아관파천俄館播遷(1896. 2~1897. 2)이라 부르는 이 사건은 1895년에 일본 관헌들이 왕비 민씨를 시해한 을미참변乙未慘變(1895. 10)에 이어 발발한 춘생문사건春生門事件(1895. 11)이 실패한 후에 친러시아 인사들에 의해 추진되었다.

한편, 갑신정변 실패 후 미국으로 건너가서 의사가 된 서재필(1864~1951)은 1895년 워싱턴 시내에서 박영효(1861~1939)를 만났다. 두 사람은 크고 작은 정치적 사건이 하루도 끊이지 않는 나라의 앞날을 걱정했다. 그리고 춘생문사건으로 언더우드 등 선교사들이 곤경에 처해 있을 때 고국으로 돌아와, 개화파 인사들과 연대해 새로운 진로를 모색했다.

서재필은 『독립신문』을 발행해 많은 사람에게 세상의 변화와 당대에 필요한 지식을 전달하는 동시에 시민들과 함께하는 강좌를 열었다. 오긍선은 서재필이 전하는 세계와 펼치는 각종 활동을 보며 큰 자극을 받았다.

조선 정부는 육영공원을 세워(1886) 근대화에 기여할 인재를 육성하고자 했다. 하지만 육영공원은 국민교육기관으로 발전하지 못하고 9년 만에 문을 닫았다(1895. 4). 육영공원이 폐교된 후 명문가의 자녀들이 선교사가 세운 배재학당에 입학해 공부한다는 소문이 서울 장안에 퍼져 나갔다.

배재학당은 1886년 6월 정식 개교한 이래 교사校舍를 신축하고 교내에 삼문출판사를 운영하며, 영문 월간잡지, 성서와 기독

「독립신문」한글판과 영문판

교 문학서적, 신문 등을 발행하여 서구 문명을 소개하는 데 크게 기여했다. 게다가 정부가 육영공원에 재학 중이던 관비생官費生을 맡김에 따라 배재학당의 위상이 한층 높아졌다. 이렇듯 개항 이후 하루가 다르게 변하는 사회 분위기 속에서 18살 청년 오긍선은 새로운 결심, 곧 관직을 버리고 배재학당에 들어가 공부하기로 다짐했다.

서양 학문을 익히다

총명한 청년 오긍선은 이웃 사람들의 고통을 덜어주는
의학을 배우고 싶어했다.
A. M. 니스벳 부인, 1920

배재학당 시절

입학

오긍선은 시대의 변화를 깨달으면서 많은 갈등을 했다. 같은 처지에 있는 한 친구가 밤을 지새워가며 나눈 대화 중에 배재학당에 함께 입학해서 공부하자는 제안을 하자 그 갈등은 더 깊어졌다. 오긍선은 왕비가 일본군에 의해 무참하게 시해되고, 임금이 러시아공사관으로 피난한 것을 떠올리며, 급제의 꿈을 접어야 했을 때보다 더 큰 불안에 사로잡히기도 했다.

여러 날에 걸쳐 생각을 거듭한 오긍선은 새로운 문명을 맞이하는 상황에 사서오경四書五經만 힘쓰고, 옛것만 배워서는 아무런 희망이 없다는 결론을 내렸다. 그리고 서양 학문을 배워 새로운 세계에 도전해 보리라 결심하고 배재학당에 들어가겠다는 내용을 담은 편지를 집으로 보냈다. 편지를 받아 본 부모는 신학문에 관한 아들의 의지가 확고하다고 여겨, 기독교로 개종하지 않는다는 조건으로 입학을 허락했다.

배재학당은 기독교 선교사 아펜젤러Henry G. Appenzeller(1858~1902)가 선교 활동을 하기 위해 세운 서구식 학교이다. 아펜젤러는 조선 사람의 개화를 돕겠다는 생각으로 입국 초기부터 교육 사업을 시작했다. 일찍이 병원과 교육 사업에 우호적인 태도를 보인 고종은 1887년 2월, 아펜젤러의 헌신과 노고에 '유능한 인재를 양육하는 집'이라는 배재학당培材學堂 이름과 현판을 하사했다.

배재학당 초기에는 말이 서로 잘 통하지 않는데다 인력도 부족해 여러 과목을 가르칠 수 없었다. 체계적인 교육과정을 갖추지도 못했다. 하지만 취직이 잘 된다는 소문을 듣고 찾아오는 학생이 많았다. 소문의 발단은 외아문에서 영어를 할 줄 아는 사람을 확보하기 위해 배재학당 학생을 뽑아간 것에서 비롯됐다. 아펜젤러는 가르칠 수 있는 선생님을 찾고자 온 힘을 기울였다. 가르칠 선생이 있어야 자유인도, 교양인도 기를 수 있고, 학교를 정상 궤도에 올려놓을 수 있다고 생각했기 때문이다.

1890년에 들어서면서 교사 인력이 보강되어 근대 학교에 걸맞게 영어, 물리, 화학, 세계사, 정치·경제, 음악, 영어 그리고 성서에 이르기까지 다양한 과목을 가르쳤다. 그리고 학생들에게 일정 기간 학교에 적을 두고 공부할 것을 권장하고 독려했다. 아펜젤러는 자기가 가장 좋아하는 "진리가 너희를 자유롭게 하리라"

배재학당 현판

초기 배재학당의 모습

라는 성구를 '사랑이 있는 곳에는 언제나 자유가 있다'라고 믿어, 사랑과 자유를 배재학당의 교육이념으로 삼았다.

배재학당은 1900년 이전까지 수백 명의 인재를 배출했다. 하지만 그들의 학적부 등 관련 기록이 거의 남아 있지 않다. 다만, 동창회에서 이 시기의 졸업생을 명예 졸업생으로 추대하고, 다음의 31명을 동창회 명부에 싣고 있다.

강봉흠姜鳳欽	강원선姜元善	김명준金明濬	김연창金演昶
김흥수金興洙	남궁염南宮炎	남궁혁南宮赫	노병선盧炳善
민찬호閔贊鎬	송석봉宋錫鳳	송석인宋錫麟	송언용宋彦用
신흥우申興雨	양홍묵梁弘默	여운형呂運亨	오긍선吳兢善
유병민劉秉敏	유전劉銓	유옥겸兪鈺兼	유치겸兪致兼
육정수陸定洙	윤성렬尹聲烈	이교영李喬榮	이승만李承晩
이원창李源昌	이익채李益采	정교鄭喬	정태응鄭泰應
주시경周時經	최재학崔在鶴	홍석후洪錫厚	

이들의 면면을 살펴볼 때, 많은 이들이 우리나라 역사에 크나큰 영향을 끼친 인물임을 알 수 있다. 오긍선은 배재학당에서 공부하며 그들과 교류했다. 1898년 1월에 이승만(1875~1963), 주시경(1876~1914) 등과 『협성회회보』 창간위원으로 활약하며, 장차 정계, 종교계, 문화계 등 각 분야에서 크게 활약할 인사들과도 교분을 나눴다. 또한, 독립협회에도 가입해 사회 활동을 전개했다.

오긍선은 배재학당에 입학했을 당시 영어, 지리, 수학, 천문 등의 수업을 들을 수 있었는데, 윤치호尹致昊(1865~1945)와 서재필의 강연에 주목했다. 특히, 매주 목요일마다 열리는 서재필의 만국지리, 종교와 역사, 세계사 강연은 열기가 매우 높았다. 오긍선은, 서재필이 강의하는 민주주의와 참정권, 인권 및 사회계약론 등 거의 모든 수업을 듣고 배웠다. 하지만 아버지와의 약속을 지키기 위해 할 수 있는 한 기독교의 모든 가르침을 멀리했다.

기독교로의 개종

초창기의 배재학당 학생들에게 배재에서 배운 것이 무엇이냐고 물으면, 다음과 같이 대답했다.

첫째, 예수를 배우고
둘째, 영어를 잘 배우고
셋째, 머리 깍끼(상투를 자르는 것)를 배웠다. _『배재백년사』

이 세 가지 중 첫 번째 것은 배재학당의 학풍과 전통에 가장 중요하게 작용한 예배와 관련되어 있다. 아펜젤러는 교육과정에 성경과 예배를 넣어 직접 전도하고 싶었지만, 처음부터 그렇게 할 수 없었다. 선교의 자유가 주어지지 않은 상황에서는 사람의 마음을 얻는 것이 가장 중요하다고 생각했기 때문이다. 그런데 예배는 1895년부터 자발적이 아닌 의무 참여로 변경되었다. 매일 아침 9시에 예배로 일과를 시작하고, 일요일에 세 번, 수요일에 한 번 등 일주일에 모두 열 번 예배를 드렸다. 이렇듯 엄격한 종교적 분위기에 일부 학생들이 거부하거나 항의하는 사례도 있었지만, 일제 말기까지 계속되었다.

오긍선은 부모와의 약속을 지키기 위해서 할 수 있는 한 기독교 의식을 멀리했다. 이런 노력은 입학 후 두 달간 계속되었다. 어느 날 오긍선은 한 친구로부터 음악회에 초대받았다. 음악회는 크리스마스이브에 열렸다. 오긍선은 친구들과 어울려 음악회가 열리는 강당으로 향했다.

많은 사람으로 가득 찬 가운데 음악회는 '기쁘다 구주 오셨네! 만백성 맞아라…'라는 합창으로 시작되었다. 합창이 끝나자 무대를 비추었던 조명이 서서히 꺼지면서 뚜벅뚜벅 걸어 나오는 소리가 들려왔다. 그리고 조명이 연사를 환하게 비추자 낭랑한 목소리가 강당 안에 울려 퍼졌다. 연사는 세상을 구원하는 예수와 신자(크리스천)가 된다는 것이 무엇을 뜻하는지에 대해 이야기했다.

새해 첫날 오긍선은 세배하기 위해 교장인 아펜젤러의 집을 방문했다. 그 자리에서 오긍선은 크리스마스이브에 자신의 내면에 어떤 변화가 일어났었다는 것을 고백했다.

삼문출판사

선교사들은 초기에 한글 성경을 포함해 기독교 서적을 일본 요코하마에서 출판해야 했다. 이를 해결하기 위해 배재학당에 삼문출판사 The Trilingual Press를 세웠다. 조선에 와 있는 외국인에게 보급할 기독교 문서를 일본에 가서 출판하는 것보다 적은 비용으로 출판하기 위해서였다.

삼문출판사

아펜젤러는 삼문출판사 업무를 맡기기 위하여 상해에서 출판 사업을 한 올링거 F. Ohlinger(1845~1919, 한국이름 무림길)를 초빙했다. 올링거는 1888년 1월 초부터 배재학당 교사로 활동하면서, 중국에서 인쇄기를 들여오는 한편 연활자를 일본에서 주조해 국내로 들여와, 1888년 말에 배재학당 내에 인쇄소를 설치했다. 이듬해부터 일하기를 바라는 배재학당 학생들을 뽑아, 조판, 인쇄, 제본 등 출판 공정을 가르치며 인쇄기를 시험 운전하고, 또 몇 권의 책을 시험 제본했다. 인쇄소는 1891년에 이르러 제반 시설을 갖추고 본격적인 출판과 인쇄를 시작했으며, 1891년 1월에 『코리안 리포지터리(The Korean Repository)』를 출간했다.

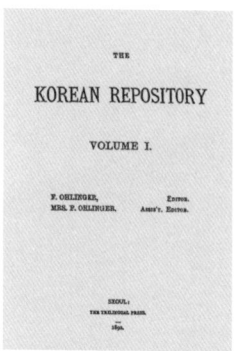

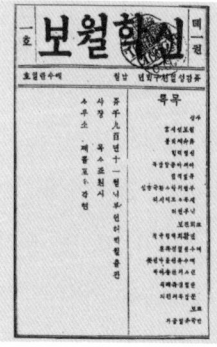
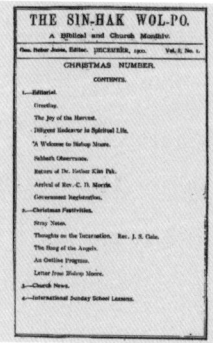
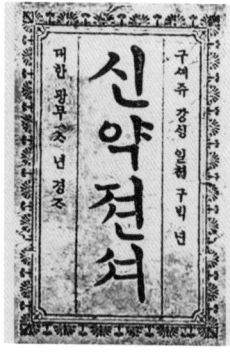

삼문출판사의 주요 간행물

삼문출판사는 미아미활판사, 미이미활판소, 한미화활판소 등으로 불렸으며, 세 가지 활자, 곧 한글, 한문, 영어 활자를 보유하고 다양한 종류의 인쇄물을 출판했다. 배재학당 학생들이 기술을 습득하고 일을 해 학비를 충당하던 곳으로, 오긍선도 배재학당에 다니면서 출판사에서 일을 했다.

삼문출판사는 우리나라 최초로 32면 활판식 인쇄기를 비롯하여 미국제 자동 절단 전지기, 일본에서 들여온 한글 연활자와 영문활자를 갖추어 협성회에서 발행한 『협성회회보』는 물론, 후에 일간으로 변경된 『매일신문』, 그리고 『독립신문』을 인쇄했다. 그뿐만 아니라 기독교 선전을 위한 정기간행물, 교과서, 성경 및 찬송가 등 기독교 도서를 출판했는데, 주요 출판물을 살펴보면 다음과 같다.

- 『교회』(1889)
- The Korean Repository (1892. 1)
- 『찬미가』(1892)
- 『찬양가』(1894)
- 『찬셩시』(1895)
- 『죠션그리스도인회보』(1897)
- 『그리스도신문』(1897)
- 『신학월보』(1900)
- 『신약젼셔』(1900)
- The Korean Review (1901)

- *The Korea Mission Field* (1905)
- 『찬숑가』(1908)
- 『구약젼셔』(1911)
- 그 외 배재학당 등에서 사용한 교과서

협성회와 독립협회 활동

협성회

서재필은 귀국 직후 개화파 인사들과 정치 개혁을 위한 여러 계획을 실천에 옮기려고 했으나, 아관파천으로 모든 계획을 일시 중단해야 했다. 그즈음에 서재필은 아펜젤러로부터 배재학당 학생들을 가르쳐달라는 요청을 받았다. 서재필은 매주 목요일 배재학당에 나가 역사, 정치, 국제정세 등에 관한 강의를 하는 한편, 학생들이 연설과 토론의 능력을 갖추어 장차 국민 계몽에 앞장서 주기를 바라는 마음으로 토론회 설립을 주선했다.

이런 상황에서 1896년 11월 30일 설립한 것이 협성회이다. 이 단체에 가입한 학생들은 매주 토요일 모임에 참여해, 회의 진행 법과 절차, 토론과 연설하는 방법 등에 관한 체계적인 교육을 받았다.

배재학당 학생들이 학교 안에서 협성회를 조직하여, 일주에 한 번씩 모임을 가지며, 의회제도에 관해서 공부하고 또 사회 각종 현안에 관

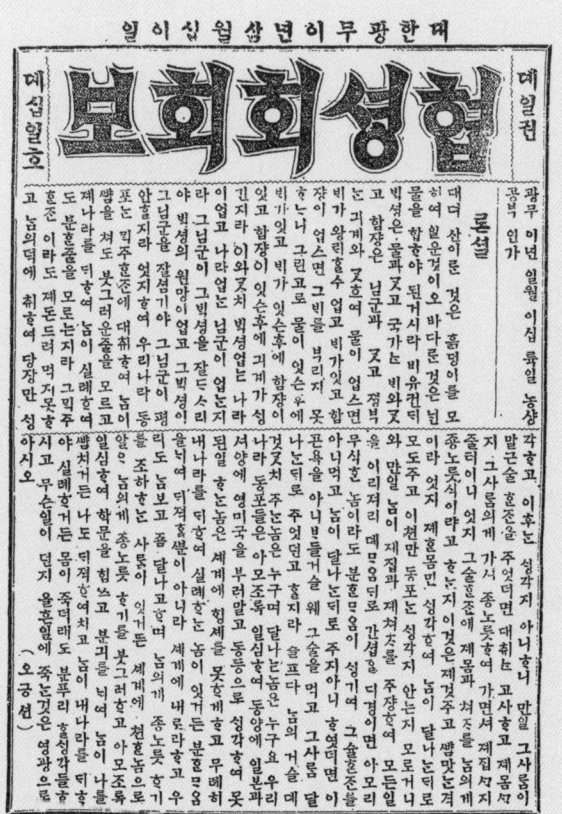

『협성회회보』에 실린 오긍선의 논설

하여 공부를 한다니 매우 즐거운 소식이다. 이 학생들이 의회제도와 연설하는 학문을 공부하여, 후배들의 선생이 되어, 모든 일을 규칙 있게 의논하며, 여러 사람의 의견을 들어 일을 결정하는 학문을 널리 알리는 데 이바지하기를 바란다. _『독립신문』, 1896. 12. 1

'협성'이라는 말은 '하늘의 정신(마음)을 체득하여 사람의 마음을 화합하게 하고, 하늘의 도(道)를 행하여 사람의 도를 이루게 한다'는 의미이다. 이 단체는 '옛것을 혁파하고 새것을 취하여 한마음으로 뜻을 모으며, 서양의 정묘한 기예를 배워 비루한 것을 보충하고, 이를 더욱 빛나게 함'을 설립 취지로 삼고 있다. 그리고 협성회는 모임의 취지를 이루기 위해 회원 투표로 3개월마다 10명의 임원을 선출했으며, 서구식 의회제도를 모방한 토론회를 개최했다.

오긍선은 협성회가 결성될 때부터 가입해 활동했는데, 두 차례나 협성회 서기로 선출되었다. 그는 회보에 논설을 기고하고 토론에 참여해 협성회의 활성화에 이바지했다.

활동 초기에 그는 다른 학생들과 함께 서재필이 추진한 독립문 건립 기공 기념식에 참석해 〈죠선가〉 등을 힘차게 부르기도 했다.

1절
내 나라를 위해 하나님께 기도합니다
나라를 살펴주소서
도와주지 않으면 나라 망하겠네
하나님께 비오니 나라를 굽어 살펴주소서

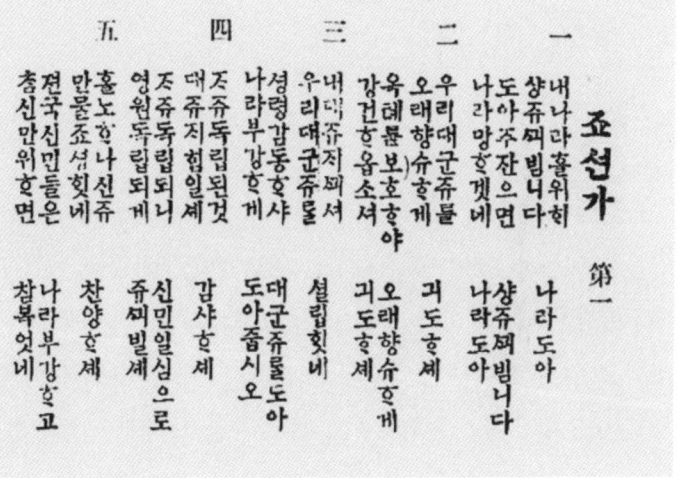

독립문 기공식장에서 부른 〈죠선가〉 가사지

서재필이 결성한 독립협회는 청일전쟁과 관련지어 생각할 수 있다. 전쟁에서 청나라가 일본에 패하자 나라 안에는 청나라에 대한 반감이 높아졌고, 조선이 자주 독립국임을 널리 알려야 한다는 여론이 조성되며, 또 널리 퍼져 나갔다. 서재필은 『독립신문』을 발행해 여론 형성과 민중 계몽에 나선 데 이어, 서구와 선진 문물 수용에 우호적인 지식인, 사대부, 관료들의 사교와 토론 모임인 독립협회를 결성했다.

고문: 서재필(중추원 고문)
회장: 안경수(전 군부대신)
위원장: 이완용(외무대신)

위원: 김가진, 박정양, 송헌빈, 이승만, 유길준, 윤치호, 오세창, 이상재, 남궁억

간사: 송헌빈, 남궁억, 오세창

독립협회는 창립 후 첫 번째 사업으로 영은문을 헌 자리에 독립문을 세우고, 옛날 중국 사신을 영접했던 모화관을 독립관으로 개조했다. 그리고 시민 계몽을 위해 토론회와 각종 강연회를 개최하고 일반 시민들의 참여를 독려했다. 이 무렵부터 배재학당 학생 상당수가 독립협회에 가입해 활동을 시작했다. 양홍묵梁弘默(1866~?), 정교鄭喬(1856~1925), 주시경은 학생 대표로 참여했으며, 오긍선 역시 이때 활동한 것으로 보인다. 하지만 오긍선이 독립협회에서 어떤 활동을 했는지는 확인할 수 없다.

한편, 오긍선은 협성회 서기로 두 번째 활동을 시작하던 때, 장남 한영漢泳이 태어났다는 소식을 들었다(1898. 5).

독립협회 해산령과 체포령

고종은 러시아공사관에서 경운궁(덕수궁)으로 환궁한 후, 황제가 되어 대한제국을 선포하고 대외적으로 완전 자주 독립을 선언했다(1897). 대한제국이 성립할 때까지 집권세력과 개화파 사이에는 협력관계가 비교적 잘 이루어졌다. 하지만 대한제국이 성립된 이후로 정치체제를 놓고 서로의 이견을 드러내기 시작했다. 특히, 정치적 견해에 큰 차이를 보인 친러 성향의 인사들과 독립협회 사이에 그 대립과 갈등이 날로 심화했다. 무엇보다 친러 인사

독립문 기공식 장면

들은 독립협회가 토론회와 강연회를 일반인에게 공개하는 것을 고운 시선으로 바라보기보다는 오히려 경계했다. 그런데 토론회에 정치적인 색채를 띤 주제들이 등장하기 시작했다. 그리고 날이 갈수록 독립협회에 대한 일반인의 관심이 높아지고, 토론에 참여하는 시민의 수가 늘어났다. 그러자 친러 인사들은 독립협회를 견제하기 시작했다.

정부는 수많은 사람이 모인 자리에서 의회의 설립, 인권, 참정권 등에 관한 열띤 토론을 벌이는 독립협회를 그대로 두려고 하지 않았다. 우선, 매일 지급하던 『독립신문』 발간 보조금을 중지했다. 그리고 서재필에게 미국으로 돌아갈 것을 종용했다.

독립협회 설립을 주도했던 고위 관료들은 시국에 관한 토론의 열기가 높아지자 곤혹스러워하며 탈퇴했다. 반면에 일반 시민들과 학생들이 회원으로 가입하기 시작했다. 이처럼 사태가 악화되자 협회에서는 부회장인 윤치호를 회장 대리로 추대해, 서재필의 추방을 반대하는 운동을 전개했다. 또한, 국민의 생명과 재산의 자유권 수호를 위해 외국의 이권 개입과 우리 땅에 대한 조차租借 반대 등을 담은 상소문을 올렸다. 하지만 서재필은 1898년 5월, 정부의 탄압을 견디지 못하고 미국으로 돌아갔고, 전직 회장 이완용은 외국과의 이권 양도에 간여한 일이 발각되어 제명되었다. 이후 독립협회는 윤치호와 이상재(1850~1927)를 각각 회장과 부회장으로 선출해 진용을 정비하고, 더욱 강력한 민권 투쟁에 나섰다. 그러자 친러 인사들은 독립협회의 강제 해산과 『독립신문』의 폐쇄를 명하도록 고종 황제를 설득했다.

독립협회 회원들은 해산 명령에 일제히 반발하며, 만민공동회(민회)라는 별도의 상설기구를 만들어 성토대회와 시위운동을 벌였다. 여기에 맞서 정부에서는 조병식, 이기동, 홍종우 등을 앞세워 전국 보부상을 모아 황국협회를 조직해 독립협회의 민권운동을 저지했다. 하지만 독립협회는 황국협회의 조종을 받은 보부상들의 방해에도 불구하고 평양, 공주, 대구, 의주, 목포 등 각 지방에까지 지회를 조직해 회원 수를 4천 2백여 명까지 늘렸다. 연일 만민공동회를 열어 이권에 개입한 대신 7명을 해임하고 새로운 자강 내각을 구성하라고 목소리를 높였다. 또한, 국민 대의기관의 설치, 연좌법의 완전 폐지, 황국협회의 무도한 행동을 저지할 것 등을 요구했다. 지속해서 개혁과 민권신장운동을 전개한 결과, 구 내각이 물러나고 자강개혁 내각이 구성되기도 했다(1898. 10. 29). 그러나 일주일도 지나지 않은 11월 4일, 친러 인사들의 계략에 의해 윤치호, 이상재, 남궁억(1863~1939) 등 20명의 간부를 체포하라는 황제의 명령이 내려졌다. 이와 같은 고종의 명령은 황국협회 측이 "황제는 나이가 많으니 황태자에게 황위를 양위해야 한다"라는 격문을 장안 여러 곳에 붙여놓고, 독립협회에 누명을 씌운 데다 친러파 인사들이 "독립협회는 왕정을 폐지하고 공화정을 수립하려는 역심을 품고 있다"라고 보고한 결과였다.

체포령이 떨어지자 간부 중 회장 윤치호와 최정덕(1865~?), 안경수(1853~1900)는 선교사 집으로 피신했으나, 다른 17명의 간부는 체포돼 투옥되었다. 그러나 이승만, 신흥우(1883~1959), 오긍선 등 배재학당 소속 간부들은 이에 굴하지 않았다. 종로와 대한문 앞에서 만민공동회를 날마다 개최해, 사건을 꾸미고 조작한 황국협회를 성토하며 구속된 간부들의 석방과 독립협회의 존속을 요구했다.

종로 네거리 앞에 모인 사람들은 일제히 궐기하여 한목소리로 독립협회를 부활시키고, 투옥된 독립협회 간부들을 석방하라고 요구했다. 연이은 시위와 상소로 사건의 경위를 자세히 파악한 고종 황제는 17명의 간부를 모두 석방하고, 독립협회의 해산을 백지화했다. 그뿐 아니라 신진 청년회원들의 활약으로 이전의 독립협회만큼 세력을 회복하고, 그해 11월 29일에 다시 구성되는 중추원에 17명의 의관議官을 선출하여 파견하는 성과를 거뒀다.

선출된 의관은 윤치호, 고영근(1853~1923) 등 대부분 장년층 고위 간부들이었으나, 이승만, 양홍묵 등 배재학당 출신 청년들도 다수 포함되어 있다. 당시 배재학당 학생들이 독립협회 활동에 상당한 영향을 미치고 있음을 보여주는 예이다.

그러나 상황은 여기에서 끝나지 않았다. 중추원이 회의를 소집했을 때, 독립협회 출신 의관들이 중추원 의장에 갑신정변의 주역인 박영효를 임명할 것과 일본에 망명 중인 정객들의 사면을 요구한 일로 역풍을 맞았다. 갑신정변이 실패하자 박영효는 일본으로 망명했다가 갑오개혁 직전에 사면되어 귀국한 친일 정객으로, 고종과 정치적 견해를 달리하고 있었다. 더구나 망명 중인 친일 인사의 대부분은 박영효의 정치적 동지였다. 이러한 까닭에 고종 황제는 독립협회 출신 의관들이 요구한 것을 받아들이지 않았다. 이러한 형국에서 친러 인사들은 일본에 아주 좋지 않은 감정을 가진 고종 황제를 자극해, 그해 12월 25일 만민공동회의 해산령을 내리게 하는 데 성공했다. 윤치호는 함경도 덕원德源감리로 좌천되고 이상재, 남궁억(1863~1939), 이승만, 양홍묵 등 강경파 의관들은 직위를 해제당한 후 전원 구속되고 말았다. 이로써 1896년 7월 2일 설립된 독립협회는 온갖 시련을 겪은 끝에 2년 6개월만인 1898년 12월 25일 활동의 막을 내렸다.

하지만 신흥우(1878~1938), 안창호, 오긍선 등 신진 청년들은 1899년 초부터 집회를 계속 이어갔다. 살을 에는 겨울바람을 뚫고 사람들이 다시 종로 네거리에 모여들었다. 도포 차림에 갓을 쓴 선비들 사이사이에 신식 학생 모자를 쓴 청년들이 보이고 더러 앳된 모습의 소년들도 참가했다. 많은 사람들이 직업이나 나이에 상관없이 한마음이 되어 추위에 아랑곳하지 않고 거리로 나왔다. 거리로 나온 이들의 분노와 열기는 한겨울 눈덩이도 녹일 만큼 높았다.

그러나 고종 황제는 만민공동회의 활동을 자신의 명령에 불복해 공권력에 정면 도전한 것으로 간주해, 집회를 주동한 자들을 잡아들이라고 명령했다. 이에 오긍선은 충남 공주로 내려가 두 해 전에 개종 문제로 상담했던 스테드먼Frederick W. Steadman 선교사의 집으로 피신했다. 오긍선은 피신해 있는 동안 스테드먼 선교사가 겪는 어려움을 보고 도와주어야겠다고 마음 속으로 다짐했다.

만민공동회 해산 등으로 어수선했던 정국이 수습되자 체포령은 이내 해제되었다. 오긍선은 서울로 돌아와 남은 학업을 이수하고, 22살 되던 해 봄, 배재학당을 졸업했다(1900). 배재학당을 졸업하면 좋은 일자리를 얻어 서울에서 생활을 할 수 있는 길을 선택할 수 있었다. 하지만 선교사처럼 남을 도우며 전도하는 삶을 살고 싶은 마음에 선교사의 동역자가 되었다. 오긍선은 우리말과 글을 선교사에게 가르쳐 주며 예상치 못한 일련의 만남과 사건을 경험했을 뿐만 아니라, 미국에 의학공부를 하러 갈 기회를 얻었다.

미국 유학

선교사들의 동역자

오긍선은 1897년 봄, 자신이 개종한 사실을 편지에 적어 부모님께 보냈다. 아버지는 아들이 개종했다는 사실에 집으로 돌아올 생각을 말라며 격노했다. 부자간의 연을 끊겠다는 단호한 아버지의 편지를 받은 오긍선은 협성회 활동에 더욱 열심을 기울이는 한편, 일주일에 10번 열리는 예배에 꼬박꼬박 참석했다.

서울에 있는 선교사들은 일요일마다 오후 3시에 배재학당에서 예배와 모임을 가지며 각종 정보를 공유하곤 했다. 이 모임에 침례교 엘라씽기념선교회The Ella Thing Memorial Mission에서 파송한 한 선교사가 참석하기 시작했다. 이 선교사는 스테드먼인데, 선교 활동을 공주로 갈 예정이었다.

오긍선은 스테드먼 선교사가 유니언교회 예배에 참석한다는 이야기를 듣고 찾아갔다. 스테드먼은 자신을 침례교 소속 선교사라고 소개하며, 지난 4월에 들어와 공주에 집을 구매하여 수리하고 있다는 사실과 함께 6월에 공주로 내려갈 것이라고 말했다. 그리고 9월 말에 브라이든A. T. Briden과 서울에서 결혼할 것이라고 알려주었다.

방학을 맞아 집으로 내려가는 길에 오긍선은 공주에 들러 스테드먼 선교사를 찾았다. 오긍선은 그에게 자신이 예수를 믿는 것은 불효라서 어쩌면 아버지 집에 들어가지 못할 수도 있다고 했다. 그렇지만 집에 가서 아버지에게 왜 자신이 그리스도인이 되었는가를 말씀드린 후에 집을 나가더라도 나가겠다는 심정을 밝히며, 자기를 위해 기도해달라고 했다. 오긍선은 한동안 가슴에 담고 있었던 이야기를 스테드먼 선교사와 거리낌 없이 나누고, 한결 평안해진 마음으로 발걸음을 집으로 향했다. 그리고 자기의 처신을 못마땅하게 여겨 등을 돌리고 있는 아버지에게 큰절을 올렸다.

이야기를 다 들은 아버지는 아들이 이전보다 훨씬 더 믿음직스러워졌다며 환한 웃음을 보였다. 그 순간 개종을 둘러싸고 마음을 짓누르던 어두움이 사라지고, 크리스마스이브에 경험했던 것과 같은 미묘한 평화가 드리웠다.

배재학당을 졸업한 후 오긍선은 우리말이 서툴러 고생하던 스테드먼 선교사 내외를 생각하며 공주로 향했다. 하지만 스테드먼 선교사는 공주에 없었다. 스테드먼 선교사는 오긍선이 배재학당을 졸업하기 얼마 전인 1899년 가을에 침례교 선교사 폴링Edward C. Pauling으로부터 강경 지역의 사업을 이어받았으면 좋겠다는 제안을 받았다. 그는 새로운 곳에서 더 활기찬 사역을 할 수 있겠다는 생각에 강경으로 옮겨 갔다. 강경은 미국 남장로회 선교사들이 활동하고 있는 군산과도 가까워 교제는 물론 정보 교류에도 유리했다.

강경으로 활동 공간을 옮긴 스테드먼 선교사는 공주에서 활동하던 때보다 훨씬 더 의욕에 넘치고 활기찬 모습으로 사업에 임했다. 때마침 오긍선이 군산으로 돌아왔다는 소식을 듣고 한걸음에 그를 찾아가, 자신의 선생이 되어 한국 말과 글을 가르쳐달라고 했다. 스테드먼 선교사는 이전에 이루어진 몇 차례의 짧은 만남에서 오긍선의 명석하고 세련된 모습을 간파하고 있었다. 이렇게 해서 오긍선은 선교사에게 우리 말과 글을 가르치는 선생이 되었다.

하지만 오긍선과 스테드먼 선교사와의 관계는 그리 오래가지 않았다. 스테드먼 선교사가 엘라씽기념선교회의 사정으로 한국에서의 사업을 계속할 수 없었기 때문이다. 그는 1900년 말부터 서울로 올라와 미국으로 떠날 준비를 했다.

그때 제중원 의사 에비슨이 병에 걸려 입원하고 있었다. 에비슨은 10월 초에 한국으로 돌아와 병원과 의학교 사업 재개를 위해 애쓰던 중 크리스마스 이후부터 발진티푸스typhus fever를 앓았다. 이 소식을 들은 스테드먼 선교사는 병원으로 달려가 에비슨을 정성껏 간호했다. 이를 계기로 두 사람은 일선에서 물러난 뒤에도 관계를 유지했다. 두 사람은 만년을 미국 플로리다에서 함께 보냈다. 특히, 에비슨은 자서전을 쓰면서 오긍선의 청소년 시절을 스테드먼에게 써달라고 부탁하기도 했다.

스테드먼 선교사는 강경을 떠나기 전 오긍선에게 서울에 올라가 한성전기회사와 같은 곳에 취직하면 안정적일 뿐 아니라 많은 돈을 벌 수 있다고 권했다. 하지만 오긍선은 "교회에 나갈 수 있는가?", "전도를 할 수 있는가?" 등을 물어보며, 그럴 수 없다면 선교사와 함께 일할 수 있게 해달라고 요청했다.

오긍선의 뜻을 확인한 스테드먼은 불William F. Bull(한국이름 부위렴) 목사에게 연락했다. 불 목사는 두 해 전에 미국 남장로회 선교

스테드먼 선교사 가족

사로 군산에 들어왔다. 군산과 강경을 오가며 선교 사업을 하는데, 한글을 제대로 배울 기회를 얻지 못해 어려움을 겪고 있던 터라, 스테드먼 선교사의 연락을 받고 단숨에 강경으로 왔다. 그리고 세련된 태도와 영어를 구사하는 오긍선을 보고 자신의 선생이 되어달라고 했다. 또한, 자신이 관장하고 있는 구암리소학교에서 읽기와 쓰기 선생으로 일해 달라고 요청했다.

그 무렵에 오긍선은 조종규, 이일영, 주상호(시경), 이태로, 긴연근, 이응종 등과 프랑스에서 차관借款(외국에서 돈을 빌려옴)을 들이지 말라는 헌의서獻議書(임금에게 의견을 올리는 글)를 정부에 제출하기도 했다(1901. 5).

불 선교사(뒷줄 왼쪽 첫 번째) 가족사진(1915)

군산에는 5년 전부터 선교사가 운영하는 진료소가 있었다(1895). 진료소장으로 부임한 외과의사 드루Alessander D. Drew(한국이름 류대모)는 처음 두 해 동안 4,000여 명을 진료할 만큼 용한 의사로, 충청도 일대에까지 소문이 자자했다. 하지만 과로로 병을 얻어 본국으로 돌아가야 했다(1901). 이에 따라 진료소 문은 오랫동안 닫혀 있었다.

불 목사는 선교사의 수가 부족하고 이동까지 잦은 선교 현장의 사정을 오긍선에게 설명하며, 선교사를 더 많이 보내 달라는 내용의 편지를 써달라고 부탁했다. 오긍선이 쓴 편지는 미국 남장로회 선교본부에 전해져 선교잡지 *The Missionary*(1902. 12)에 "Mr. Oh's Letter"라는 제목으로 소개되었다. 그때 프린스턴대학을 졸업하고 컬럼비아대학에서 의학을 공부한 알렉산더A. J. A. Alexander(1875~1929)가 의료선교사로 군산에 부임했다. 하지만 알렉산더 선교사는 군산에 도착하자마자 아버지의 부음 소식을 알리는 전보를 받았다.

알렉산더와 미국 유학

알렉산더 선교사는 영구 귀국을 결심하면서 오긍선에게 미국으로 건너가 공부할 것을 권했다. 짧은 기간이었음에도 불 목사를 위시하여 주변 사람들이 오긍선의 뛰어난 자질과 책임감을 높이 평가하는 것을 보고 들었기 때문이다. 알렉산더 선교사는 동료 선교사들이 칭찬을 아끼지 않는 오긍선에게 유학할 수 있는 기회를 주면 좋겠다고 선교지회에 제안했다. 선교사들은 선교기금으로 외국인을 지원하는 경우가 흔하지 않기 때문에 신중해 하면서도, 모범 사례가 될 것이라며 알렉산더 선교사의 제안을 지지하고 승인했다.

한동안 고민하던 오긍선은 알렉산더를 따라 미국 유학길에 올랐다. 하지만 자식의 도리를 다하지 못하는 것이 죄스러워서 사실대로 알리지 못하고 서울로 향했다. 아내와 어린 두 자녀를 부모님께 짐 지우고 이억만리 미국으로 떠나는 마음이 무거웠다. 좋은 의사가 되어 돌아오겠다는 다짐을 하며, 마음속으로 용서를 비는 것 외에는 다른 도리가 없었다.

어머니는 불 목사 집이 있는 산의 가장 높은 곳으로 올라가 아들을 태우고 떠나는 배가 보이지 않을 때까지 손을 흔들었다. 본이

A. J. A. 알렉산더(1920)

오면 어머니는 나물을 캐러 간다며 바구니를 들고 산에 올라가 멀리 바다를 보다가 내려오곤 했다.

서울에 올라온 알렉산더와 오긍선은 여러 기관을 찾아다니면서 여행 절차를 서둘렀다. 하지만 그 당시에는 정부에서 파견하는 공식 사절단원 말고는 미국으로 건너가는 이가 드물어 여행증명서를 얻기가 쉽지 않았다. 이전에 미국으로 유학을 한 서재필, 윤치호 등이 있었지만, 서재필은 망명지 일본에서 미국으로 건너갔고, 윤치호는 중국 상해 중서서원中西書院에서 수학하다가 바로 미국으로 유학을 떠났기 때문에 여행 절차가 필요치 않았다. 알렉산더는 여러 방면으로 교섭을 해 1903년 2월 중순, 오긍선이 일본까지 갈 수 있는 여행증명서를 구했다.

한편, 미국으로 떠나기 직전에 비로소 양복을 입게 된 오긍선은 학교 졸업 후 길렀던 상투를 다시 잘랐다. 유학을 떠나는 불효자식을 용서해 달라는 편지를 써 입던 옷과 자른 상투를 담은 봉투에 넣어 집으로 보냈다.

알렉산더와 오긍선은 일본 나가사키長崎를 거쳐 고베神戶에 도착해 미국행 여행증명서와 출입국허가증을 받아 샌프란시스코행 배를 타기 위해 요코하마橫浜항으로 갔다. 두 사람은 보름여 동안 태

대학 시절의 알렉산더
(왼쪽 첫 번째 서 있는 사람, 1889)

오인묵이 알렉산더에게 보낸 편지(1903. 9. 18)

평양을 횡단한 끝에 샌프란시스코항에 도착했다. 그리고 기차를 이용해 시카고를 경유해 켄터키주 스프링역에 내렸다.

오긍선은 배재학당과 스테드먼 선교사 부인에게서 배우고 또 선교사들과 생활하면서 익힌 영어 실력으로 곧바로 켄터키 센트럴대학교Central University of Kentucky, Danville, KY.에 진학할 수 있었다. 알렉산더는 오긍선의 입학을 축하하며 등록금과 생활비 일부를 지원했다.

대학생이 된 오긍선은 좋은 의사가 되겠다는 포부와 의지를 다지며 첫 학기에는 예비과정을 수강하고, 두 번째 학기부터는 루이빌캠퍼스에 있는 의과대학에서 의학수업을 받았다.

유일한 동양 유학생

켄터키 센트럴대학교는 켄터키주에서 가장 오래된 고등교육 기관 중의 하나인 Centre College(1819)를 모체로 1901년에 설립되었다. 개교 이래 1907년 기준, 약 1,600명이 졸업한 가운데 대학 총장 25명, 대학교수 50명, 하원의원 29명, 상원의원 5명, 미국 부통령 2명, 연방대법원 재판관 1명, 순회재판관 49명, 변호사 360명, 목사 240명, 의사 100명, 장로회 총회 의장 6명 등을 배출했다(*KCU Record*, 1907). 한편, 알렉산더는 오긍선이 입학하던 해부터 센트럴대학교 이사로 활동했다.

1874년 9월, 문을 연 의과대학Hospital College of Medicine은 치의학과, 법학과와 함께 루이빌캠퍼스Hospital College of Medicine, Louisville, KY.에 있었다. 그리고 임상 및 시범 교육을 위한 부속시설로 의과대학 교수들이 관장하는 그레이가 장로회 양호실Grey Street Presbyterian Infirmary이 있었다.

오긍선은 아카데미 과정을 이수한 후 두 번째 학기, 정확히 말하면 1903년 12월 8일부터 루이빌캠퍼스로 가서 의학공부를 시작했다. 루이빌의 겨울 날씨는 군산이나 공주보다 비교적 따뜻해서 첫 번째 맞은 겨울을 별 어려움 없이 보냈다. 하지만 기초 및 공통 과목을 이수하기 위해 두 학기에 걸쳐 캠퍼스를 번갈아 가며 공부해야 하는 어려움을 겪었다. 2학년이 되어 임상실습을 하기 직전에 과를 정하기 위해 면담을 했다. 그리고 피부과학의 권위자인 헤이John Edwin Hays 교수의 지도를 받으며 두 학기 동안 루이빌시립병원에서 임상실습을 했다.

오긍선이 어려운 의학을 선택한 것은 배재학당 시절 은사였던 서재필과 선교사들의 영향이 컸다고 할 수 있다. 일찍이 서재필은 일본에 망명하던 중 미국으로 건너갔다. 서재필은 고등학교에 들어가 영어공부를 하고, 형편이 어려웠지만 펜실베이니아주 라파예트대학Lafayette College에 들어가 법률학을 공부했다. 그러나 구국과 개화운동을 하기 위해서는 의사가 되는 게 가장 좋겠다고 생각해, 조지워싱턴의과대학으로 전학해 의학공부를 했다. 서재필의 의학에 대한 집념은 독립협회의 활동에도 반영되어, 1898년 민중 주도기에 접어들면서 국민의 재산권과 자유권의 수호, 외국의 이권 개입을 반대하는 활동 및 의사 양성을 위한 의과대학의 설립 등을 중요 과제로 추진하는 동인이 되었다.

오긍선은 배재학당에서 알렌Horace N. Allen(1858~1932), 에비슨 등

켄터키 센트럴대학 본관(덴빌 캠퍼스, 1905)

오긍선이 공부한 의과대학(루이빌 캠퍼스, 1905)

켄터키 센트럴대학교 세이어도서관(1905)

미국 유학 시절의 오긍선(앞줄 오른쪽 첫 번째)

이 사람의 생명을 살리고, 공중보건위생에 헌신한 이야기를 듣고 의사에 관심을 가졌다. 그리고 협성회를 통해 독립협회와 관계를 맺어 활동하면서, 서재필처럼 의사가 되겠다고 결심했다. 그리고 선교사에게 우리 말과 글을 가르치면서, 진료를 받으려고 찾아온 사람은 물론 집집마다 찾아가 친절하게 의술을 베푸는 모습을 지켜보며 의사의 꿈을 키웠다. 한편, 불 목사는 오긍선이 유학의 의지를 잃지 않도록 용기를 북돋아주었으며, 알렉산더 선교사는 뜻이 있는 곳에 길이 있다며 후원을 약속했다.

유학하는 동안 오긍선은 생활비를 벌기 위해 신문 배달을 하고 식당에서 접시를 닦았다. 담배공장에서도 일했다. 그런데 켄터키에는 동양 사람이 많지 않았다. 그래서인지 그곳 사람들은 오긍선을 중국에서 온 유학생이라고 생각했다. 그래서 오긍선을 '친친 차이나'라고 불렀다. 어떤 때는 흑인 같은 취급을 당하기도 했다.

오긍선은 의과대학에서 유일한 동양 국적을 가진 학생이었고, 다른 학생들에 비해 늦은 나이에 입학한 만학도였다. 하지만 졸업할 때까지 한눈팔지 않고 공부에만 열중했다. 매 주일 교회에 나가는 것을 쉬지 않았으며, 부모님께도 매월 한 차례씩 안부편지를 썼다. 사랑하는 아내와 두 아이, 부모님 생각에 잠기며 눈시울을 적시기도 했다. 그럴 때마다 술과 담배로 시름을 달랬다. 그 때 배운 술과 담배를 임종할 때까지 계속했다. 이 문제로 일부 목회자로부터 기독교인의 본분을 잊은 행동을 금하라는 경고와 함께 이단자라는 비난을 받기도 했다. 오긍선은 출석하는 교회에서 절대다수의 표를 얻어 장로에 피선되었으나, 장로직에는 오르지 못하고, 영수領袖(미조직교회 인도자)직에 머물렀다. 음주와 흡연이 문제가 되었던 것으로 보인다. 하지만, 오긍선은 주초酒草(술과 담배)를 자신의 생활철학으로 고집했다.

미국 의사 자격을 취득한 한국인들

미국에서 근대의학을 공부한 한국 사람으로 서재필과 김점동金點童(남편의 성을 따라 '朴에스더'라고 함)이 있다.

서재필은 10살이 되기 전부터 김옥균, 박영효와 더불어 사귀었고, 그들과 나란히 박규수(1807~1877), 오경석(1831~1879), 유홍기(1831~1884, '유대치'로도 불림)의 문하에서 새로운 문물을 접한 까닭에 일찍이 개화에 눈을 떴다. 서재필은 문과에 급제한(18세, 1882년) 후부터 사회 개혁을 위한 힘을 규합하던 이른바 개화파 인사들과 어울리며 서양 문물에 관한 서적을 탐독했다. 그리고 정치와 사회 개혁에 남다른 관심을 가지고 김옥균 등과 규합하여 갑신정변을 주도했다. 하지만 정변이 실패함에 따라 일본을 거쳐 미국으로 망명했다. 서재필은 갖은 고생을 하며 수련의 과정을 거쳐 의과대학을 졸업한 후, 가필드병원에서 인턴과정을 수료하여 의사면허를 취득했다(1893). 그는 한국인으로서 서양 의학(세균학)을 공부해 정식 의사가 된 첫 번째 인물이다.

하지만 서재필은 1890년 6월, 미국으로 귀화해 한국인 최초로 미국 시민권자가 되었다. 이후 갑오개혁 당시, 조선 시민의 계몽과 사회 개혁에 적합한 인재를 찾던 유길준(1856~1914)의 초청과 박영효의 후원을 받아 귀국해 시민 계몽을 목적으로 『독립신문』을 발행하며 강연 활동을 벌였다. 그리고 매주 한 차례 배재학당에서 무료 강의를 했다.

한편, 김점동은 아펜젤러 선교사의 집사로 일한 아버지 김홍택의 영향으로 선교사들과 접촉했으며, 10살 되던 해 이화학당에 입학했다. 스크랜턴 대부인Mary F. B. Scranton의 추천으로 로제타 홀 Rosetta Sherwood Hall(한국이름 허을) 선교사의 통역을 맡아 일하던 중 언청이 수술 광경을 보고 의사가 되기로 했다.

김점동은 18살에 홀 선교사 부부의 중매로 그들의 조수인 박유산朴有山(1866~1900)과 1893년 5월 24일 정동교회에서 결혼식을 올렸다. 그리고 미국 여자 의료선교사들의 도움을 받아 1894년 12월, 남편William J. Hall(1860~1894)을 잃고 갓 돌을 보낸 아들을 데리고 귀국하는 홀과 함께 유학을 떠났다.

김점동은 홀의 친정 농장에서 생계비를 벌며 공부해 마침내 볼티모어여자의과대학을 졸업했다. 하지만 6년 동안 자신의 학비와 생활비를 뒷바라지한 남편을 여의는 아픔을 겪었다. 그녀는 1905년 5월, 미국 북감리회 여선교회Women's Foreign Missionary Society of Methodist Episcopal Church가 파송한 의료선교사로 귀국해 보구여관(여성을 보호하고 구하는 집, 이화여자대학교 부속병원의 전신), 기홀병원, 광혜여원 등에서 열정적으로 환자들을 진료했을 뿐만 아니라 맹아학교와 간호학교에서 학생들을 가르치며, 시민들에게 근대적 위생 관념을 보급하는 데 앞장섰다. 특히, 1897년 다시 한국으로 온 홀과 함께 평안도 일대 무료 순회진료 및 전도부인Bible woman 양성에 이바지했다.

서재필의 의대 졸업사진(뒷줄 왼쪽에서 세 번째)

김점동과 박유산(1899)

김점동은 오긍선이 그와 같은 열정으로 목포 사람들을 섬길 때 폐결핵으로 생을 마감하고 말았다. 그때는 의사가 되어 귀국한 지 꼭 10년 만이며, 대한제국이 역사 속으로 사라지는 1910년 봄이었다.

의료선교사로 돌아오다

> 오긍선 학감은 1907년 루이빌의과대학을 졸업하여 의사면허(M. D.)를 취득하고, 미국 남장로회 의료선교사로 귀국해 군산, 목포 등지의 병원과 학교에서 일했다.
> A. I. 러들로, 1929

배재학당은 관직을 박차고 나올 만큼 세태의 변화에 민감하게 반응한 오긍선에게 새로운 세계관을 접하는 공간이었으며, 인생의 행로를 바꾸는 출발점이 되었다. 오긍선은 배재학당에서 서양의 근대 학문을 배우며, 서양 학문의 기저인 기독교 사상을 신앙의 형태로 받아들였다. 그리고 선교사들과 만남을 통해서 자신의 목표를 찾았다.

오긍선은 배재학당을 졸업하고 군산으로 내려가 침례교 선교사인 스테드먼과 미국 남장로회 불 선교사에게 한글과 말을 가르치며, 선교 사업을 도왔다. 그리고 1903년 2월, 알렉산더 선교사를 따라 유학길에 올랐다. 의과대학 졸업과 동시에 미국 남장로회 의료선교사로 임명되어, 1907년 8월 귀국했다.

한국에서 '미국 남장로회'라고 알려진 교파는 남북전쟁이 끝난 후 미국장로교회the Presbyterian Church in United States, PCUS라는 이름을 사용했으며, 전도에 대한 열정이 높은 것으로 정평이 나 있었다. 하지만 미국 남장로회는 언더우드가 설득하기 이전까지 한국 사람을 주요 선교대상으로 여기지 않았다.

미국 남장로회의 한국 선교

언더우드와 윤치호

19세기부터, 서구의 무역업자와 기독교 선교사들은 나침반이 지시하는 길을 따라 "은둔의 왕국"이란 별명이 붙여질 만큼 외부세계와 거의 단절된 조선을 찾아왔다. 무역업자와 선교사들은 각각 시장 확대와 기독교 문명을 전하겠다는 확신에 차 있었다. 하지만 선교사들은 청일전쟁 이전까지 선교를 위한 사업을 공개적으로 할 수 없었다. 오로지 의료나 교육 사업만 가능했다. 갑신정변 이후 알렌의 제안으로 제중원이 설립되었으나(1885), 선교사 신분으로 입국할 수 있는 길은 13년이 지나서야 열렸다.

초기의 선교사들은 알렌을 도우며, 기회가 닿는 대로 서양의 옷과 장식 등에 극도로 호기심을 가진 조선 사람들을 만나기 위해 다양한 방법을 시도했다. 그런데 청일전쟁은 사회의 구석구석에 변화를 이끌어 냈을 뿐만 아니라 민중이 미국 교회에 관심을 갖게 되는 계기가 되었다. 하지만 일본의 승리에 개화파 인사들 말고는 반기는 이들이 거의 없었다.

언더우드 선교사(1908)   언더우드타자기 광고

　언더우드는 제중원에 근무하는 동안 줄곧 의료 인력을 충원해 줄 것을 뉴욕의 선교본부에 호소했다. 그랬던 언더우드가 1891년 10월, 윤치호와 함께 테네시 네슈빌에서 열린 '제12차 해외 선교를 위한 신학교 연맹 총회'에 등장했다.

　사실 언더우드는 '해외 선교를 위한 신학교 연맹 총회'와 깊은 연관이 있다. 1883년 제4차 총회에 참석한 것을 계기로 선교지를 한국으로 변경했다. 그리고 1884년 제5차 총회 때, 뉴브런즈윅 신학생에게 한국을 알려 준 올트만스 Albert Oltmans가 언더우드를 참석한 회중에 한국선교사로 소개했다. 이러한 배경을 가진 언더우드가 윤치호와 함께 제12차 총회에 강사로 초청을 받았다.

　언더우드와 윤치호의 강연을 들은 회중 가운데 전킨 William M.

남장로회 7인의 개척선교사

Junkin(한국이름 전위렴), 테이트Lewis B. Tate(한국이름 최의덕), 존슨 Cameron Johnson, 레이놀즈William D. Reynolds(한국이름 이눌서) 등의 신학생이 있었다.

전킨 등은 언더우드의 연설을 듣고 크게 감동하여, 한국 선교를 희망한다는 편지를 미국 남장로회 선교부로 보냈다. 하지만 미국 남장로회 선교부는 그들의 편지를 받았을 때, 한국이 어디에 있는지도 몰랐다. 또한, 새로운 선교지를 개척할 재정적인 여유도 없었기 때문에 "새로운 선교 사업에 착수할 가능성이 없다"라고 짤막하게 회신했다. 청년들은 실현 가능성이 거의 없다는 사실을 알면서도 굽히지 않고 선교부를 설득했다. 한편, 언더우드는 언더우드 타자기 회사를 경영하고 있는 큰형 존John T. Underwood에게 한국 선교를 희망하는 청년들을 위한 기부금 25,000달러를 약속받았다.

이처럼 선교전문가도 모르고 있는 한국을 선교하도록 청년들의 마음을 움직인 데에는 '미국 남장로회 한국 선교의 아버지'라고 불린 언더우드의 감동적이고 설득력 있는 한국 선교 이야기와 밴더빌트 대학에 다니고 있던 윤치호의 강력하고 도전적인 연설이 크게 작용했다. 미국 남장로회선교부는 선교사를 파송해 전주(1896), 군산(1896), 목포(1898), 광주(1904), 순천(1913) 지역에 차례로 선교지회를 설립했다.

군산 선교지회

군산은 일찍부터 호남지역의 조운창고 역할을 하여 군창이라고 불렸으며, 비옥한 토양에다 풍부한 해산물을 조달하는 최적지였다. 하지만 군산항은 조수 간만의 차가 큰 내항이어서 출입이 원만한 편은 아니었다. 그런데 일본 제국주의의 표적이 되어 1899년 5월에 7번째로 개항했고, 곧바로 간척사업과 축항공사를 통해 농민을 착취하는 일제의 전초기지가 되었다.

군산 지역 농민들은 일본인에게 소작농 경작권마저 빼앗겨 근대화 이전의 전형적인 봉건체제 아래서 고단한 삶을 살았다. 그들은 쌀을 생산했지만, 날로 쌀의 반출량이 증가하는 데다 호남 전역에서 생산된 쌀이 거의 일본으로 유출되는 바람에, 빈곤에 허덕이고, 몰락하여 갔다. 군산은 일본의 필요에 따라 온갖 부조리와 수탈을 겪으며 근대화를 이룬 대표적인 도시 중 하나이다.

이러한 군산 지역에 선교지회가 일찍이 설립된 데는 의료선교사인 드루의 역할이 컸다. 1894년 6주간에 걸쳐 도보로 사전 답사를 마친 후 가진 평가회에서 드루는, 군산은 다른 도시와는 달리 항구가 있으므로 서울에서 접근이 쉽고 가장 일찍 도착할 수 있는 가장 유력한 후보지라고, 레이놀즈를 설득했다. 이후 드루는 군산에서 의료선교를 시작했다(1895). 이렇게 군산은 호남지역에서 제일 먼저 진료소가 세워진 곳이 되었다.

그러나 군산 선교지회는 군산항이 개항하면서 그 주변이 일본인의 거류지로 변모함에 따라 구암(궁말)으로 옮겨야 했다. 이러한 상황에서도 처음의 열정을 유지하여 왕성하게 선교 사업을 펼

군산 선교지회(둔덕 아래 가운데 일자형 초가집, 1899)

일제에 의해 변모하는 군산(위: 개항 전, 아래: 개항 10년 후)

의료선으로 이용한 황포 돛단배(1901)

친 결과, 군산에는 오긍선이 유학을 떠나던 해(1903)에 이미 8개의 교회가 설립되었다.

드루는 전킨과 함께 군산 선교지회 개설 책임을 맡아 1895년 3월에 군산 지역을 답사하며 순회 진료를 한 후, 군산에 정착했다. 이듬해부터는 선교선Mission Vessel을 운영해 전도와 진료를 병행했다. 그는 1896년 한 해에만 2,700여 명을 진료했다. 진료를 받기 위해 기다리는 사람이 하루가 다르게 많아졌다. 전킨은 진료를 기다리는 사람에 다가가 한글로 쓴 성경 구절 쪽지를 나눠주었다. 그런데 열정적으로 일하던 드루가 1901년, 요양차 귀국함에 따라 진료소 문을 닫아야 했다. 1902년 말에 알렉산더 선교사가 부임해 진료를 재개했으나, 두 달 만에 다시 문을 닫았다.

다니엘 선교사와 앳킨슨 병원

1904년 9월, 의사 다니엘Thomas H. Daniel(한국이름 단의열)이 군산에 부임했다. 다니엘은 드루가 전에 사용하던 방을 진료소로 개조해 문을 열었다. 하지만 수술실뿐 아니라 먼 곳에서 온 사람이나 입원을 해야 할 형편인 환자가 머무를 수 있는 공간이 없었다.

알렉산더는 귀국한 후에도 군산진료소의 열악한 의료 환경이 늘 마음에 걸렸다. 그는 군산에서의 의료선교를 포기할 수밖에 없는 상황에서도, 배움에 대한 열정과 조국의 현실에 가슴 아파하는 오긍선의 모습을 떠올리며 자기의 분신이 되어주면 좋겠다는 생각을 했다. 그리고 때에 맞추어 병원을 건축할 자금을 기부하기도 했다.

다니엘은 병원 건립 기금에 관한 소식을 접하고 뛸 듯이 기뻐했다. 그리고 해리슨William B. Harrison(한국이름 하위겸) 목사와 함께 알렉산더가 기부한 돈으로 병원을 신축했다. 다니엘은 한국 사람들이 최대한 편안하게 진료를 받을 수 있는 구조를 설계해 건축이 이루어지는 과정마다 신경을 곤두세워 감독했다.

다니엘은 구암리 언덕에 병원을 건축하고, 부엌, 세탁실 및 개인용 두 개의 병실을 짓는 비용을 기부한 앳킨슨 부인을 추모하기 위해 프랜시스 브리지스 앳킨슨 기념병원(약칭 "앳킨슨 기념병원")이라고 명명했다. 이 병원은 미국 남장로회가 우리나라에 첫 번째 세운 것으로 한옥 건물 안에 진료소와 수술실, 그리고 2개의 병동에 18개의 병상을 갖추고 서양식 침대와 한국식 입원실을 들여 1907년 5월 28일 개원했다. 오긍선이 도착하기 전에 호

군산 예수병원(오른쪽 건물, 1909)

남 최초의 근대식 병원이 세워진 것이다. 당시 선교사들은 '앳킨슨 기념병원Frances Bridges Atkinson Memorial Hospital'이라 부르고, 군산 사람들은 '야소병원', '궁멀병원', '궁말병원', '구암병원' 등으로 불렀다.

마을 사람들은 큰 체구만큼이나 마음이 넓은 의사로 알려진 다니엘을 매우 좋아했다.

1905년, 전주 예수병원에 부임하여 의료 활동하던 포사이드Wiley H. Forsythe(한국이름 보의사)가 양반 이씨를 치료하던 중 일본 순사로 오인을 받아 귀가 잘리는 불상사가 일어났다. 그리고 얼마 후에 외과 수술을 하던 중 심각한 눈병에 감염되었다. 포사이드는 눈을 제대로 치료하기 위해 미국으로 건너갔다. 상처가 워낙 깊은 데다 치료를 제 때에 하지 않은 까닭에 치료와 회복이 예상보다 더뎠다. 포사이드의 복귀가 많이 미루어지자 선교사들 사이에 우려하는 목소리가 나왔다. 다니엘은 전주의 상황을 매우 민감하게 받아들였다. 만일 포사이드의 복귀가 더 늦어지게 되면,

자신이 전주로 옮겨가야 할 것으로 생각했다. 그런데 포사이드는 오긍선보다 한발 앞서 전주로 돌아왔다.

궁말에 세워진 소학교

동학 농민운동과 청일전쟁을 겪는 동안 사람들 사이에 배우지 않으면 나라도 개인도 살아남을 수 없다는 풍조가 널리 퍼져 나갔다. 이러한 변화에 맞춰 군산 선교지회에서는 궁말교회의 소학교 외에 남학교, 여학교, 야간학교 등을 운영했다. 각 학교에서 한국인 교사敎師들이 선교사를 도왔다. 소학교에는 김치만과 윤씨 부인이, 남학교에는 김창국과 한국인 조사 2명이 얼 목사Rev. Alexander M. Earle를 도왔고, 개설이 늦어져 겨울에 문을 연 여학교에서는 오긍선의 여동생 오현관, 야간학교에는 장인문과 오인묵 등이 가르쳤다.

얼마 전만 해도 곁을 주지 않았던 사람들이 너나 할 것 없이 호기심을 주체하지 못하고 선교사 집 주위를 맴돌며 기웃거리거나 하릴없이 병원을 찾아갔다. 몇몇이 모이면 으레, 서양 의사가 죽을 뻔했던 사람을 살려주었다느니, 자기가 선교사와 이야기를 해 봤다는 식의 이야기를 주고받았다. 어떤 아이는 학교에 갔다 온 이야기를 하며 처음 듣는 신기한 것을 배웠다며 자랑을 했다. 사실이 과장되거나 꾸며진 이야기도 더러 있었지만, 선교사에 대한 호기심은 기대감으로 변해서, 병원에 거는 기대만큼이나 학교에 관한 관심이 커지면서 어린아이부터 어른에 이르기까지 아직 건물도 제대로 마련되지 않은 학교를 찾아왔다.

목포 선교지회

목포항은 군산보다 한 해 앞서 1897년 상업항으로 개항해, 호남의 관문 구실을 하며 국내에서 생산된 쌀, 면화, 소금, 김의 집산지로써 일제의 수탈창구가 되었다. 목포항의 개항에 관하여 『독립신문』은 다음과 같이 보도했다.

목포와 진남포는 금년 시월 초 일일에 항구를 열기로 작정이 되었다더라. _『독립신문』, 1897. 7. 6

일본은 목포를 군산과 함께 전략 도시로 육성했다. 그런데 목포는 일본인들이 일찍감치 유입된 탓인지 반일감정을 가장 잘 드러내는 도시의 하나가 되었다. 병합 직후 목포는 조선총독부 지방관 관제에 따라 목포부로 개칭되었다.

미국 남장로회는 목포에 앞서 나주에 선교지회를 설립하려고 했다. 1895년 6월 선교사 회의를 마친 후 유진 벨Eugene Bell(한국이름 배유지)은 해리슨, 전킨과 같이 예비 시찰했던 기억을 되살리며 한 달여 동안 나주를 포함해 호남의 남부 지역을 방문했다. 선교사들은 1896년 연례회의를 마친 후 나주를 방문하여 두 선교사의 답사 보고를 확인하고, 나주에 선교지회를 개설하기로 했다.

그러나 부지 매입 등에 어려움이 따랐다. 이때 마침 목포와 진남포를 개항장으로 확정한다는 발표가 있었다. 이에 선교회는 유진 벨과 레이놀즈 선교사를 목포에 파송했다.

개항은 항구를 열어 외국 선박이 상업 활동을 위해 자유롭게 드나들 수 있도록 국제적으로 인정하는 방식으로 출입을 허용하는 것이다. 따라서 선교사들은 많은 인구가 유입되고, 상업이 활성화될 것이라는 판단에 따라 나주대신 목포를 택했다. 또한, 목포는 신변안전에 유리하고, 배를 이용해 이른 시일 안에 목적지에 도착할 수 있는 교통의 편리함에 대한 기대감이 높았다.

문호를 개방하면서 외국 배의 출입이 허용된 항구마다 개항장이란 공간이 만들어졌다. 개항장은 동아시아 3국에만 있는 것인데, 우리나라의 개항도시는 대부분 일본에 의해 조성되어 그들의 정치, 경제 및 군사적 목적을 이루는 데 이용되었다. 일본은 유달산 남부 해안가를 메워 조성된 공동 조계지를 침탈의 근거지로 삼아 한국을 강제 병합할 때까지 사용했다. 반면에 미국과 프랑스는 오로지 종교적 선교거점을 세우는 데만 관심을 기울였다. 미국 남장로회는 나주와 광주 지역으로 진출할 수 있는 교두보를 마련하기 위해 목포에 선교지회를 개설했다.

유진 벨과 레이놀즈 선교사는 두 번째 목포를 방문했을 때인 1897년에 비로소 부지 매입에 성공했다. 부지 매입이 성사되자 오웬Dr. Clement C. Owen(한국이름 오기원)과 스트래퍼Miss Fredrica E. Straeffer 선교사가 목포에 부임했다.

오웬은 1899년 7월에 목포진료소를 개원했다. 그리고 몇 달이 지나지 않아 400여 명의 환자를 진료해 진료소를 도시의 명소로 만들었다. 한편, 스트래퍼는 여성과 어린이 사역을 맡아 청소년를 위한 교육을 시작했다. 하지만 선교에 유리하다고 판단했던 애초의 예상과는 달리 선교 사업의 효과가 미미한 데다, 벨 부인이 사망(1901. 4)하고 또 오웬이 일시 귀국(1902. 7~1903. 10)하는 등 어려움이 끊이지 않았다. 그러자 선교부는 광주 선교지회를 개설할 인력을 목포 지역 선교사로 충원했다. 따라서 목포 선교지회는 1905년 10월부터 프레스톤 John F. Preston(한국이름 변요한)이 부임하는 1907년 10월까지 잠정 폐쇄되었다.

광주 선교지회의 설치로 2년여 공백기를 거치는 동안 선교 인력이 보강되자 목포를 선교해야 한다는 목소리가 나왔다. 잠정 폐쇄 상태였던 목포 선교지회는 프레스턴 목사의 주도로 1907년 10월에 다시 열었다. 버드맨 Ferdinand H. Birdman이 투입된 데 이어 베너블 William A. Venable(한국이름 위위렴) 목사가 부임해 병원, 학교 그리고 교회에 큰 변화를 가져왔다.

그런데, 학교에서는 선교사들의 활동이 거의 끊어진 와중에도 교육이 이루어지고 있었다. 한편, 선교부는 선교지회를 재개하면서 오긍선을 목포에서 근무하도록 결정했다. 단시간 내에 목포진료소를 활성화하기 위해 적응에 유리한 현지인 의료선교사를 보내는 것이 좋겠다는 판단에 따른 것이었다.

목포는 개항에 따른 인구의 유입이 큰 폭으로 증가함에도 교육환경은 거의 개항 이전의 수준에 머물러 있었다. 하지만 앞에서 언급한 것처럼, 목포 사람들은 배움에 대한 뜨거운 열기를 간직하고 있었다. 프레스턴 목사가 끊겼던 선교 업무를 재개하기 위해 부임하던 날의 장면은 이를 반증한다. 프레스턴 목사가 온다는 소식을 전해 들은 100여 명의 학생은 목포항에서 기다리고 있다가 배가 닻을 내리기도 전에 마음에서 우러나오는 환호의 소

목포 왓킨스 아카데미(1909)

리를 외치며 모자를 벗어 하늘 높이 던져 올렸다.

스트래퍼 여사는 1899년 12월 27일 목포에 당도한 후 자신의 안방에서 일요학교Sunday school(일반교육을 시행하여 교회의 '주일학교'와는 다르다)를 시작했다. 날로 학생의 수가 증가해 혼자서는 도저히 감당할 수 없게 되자, 남학생과 여학생을 분리하여 각각 운영하기로 했다. 이렇게 해서 정명여학교와 남학교인 영흥학교가 시작되었다. 하지만 정명여학교는 스트래퍼 여사가 사임함에 따라 2년간 휴교했다. 마틴Miss Julia A. Martin(한국이름 마율리아)은 오긍선보다 3개월 앞서 목포에 부임했다. 그녀는 정명여학교 책임자로서 체계적인 준비를 마치고 재개교해, 프레스턴 목사의 부인, 녹스 그리고 오현관 등과 함께 매일 1시간씩 수업을 진행했다.

영흥학교는 개교한 이래 하루도 거르지 않고 태극기를 게양하고 아침 예배 시간을 가서 애국심과 신앙의 조회를 꾀했다. 하지만 교사가 부족해 다양한 교과목을 편성할 수 없었고, 학생지도에도 어려움을 겪었다. 1908년 4월 1일부터 남궁혁이 영흥학교 영어교사로 부임했다. 프레스턴 목사를 중심으로 그를 교사로 초빙하기 위해 그동안 많은 공을 들인 결과였다. 또한, 오긍선이 부임하는 시기에 맞춰 교사가 완공되었다. 이때부터 선교사들은 학교 이름을 교사 신축을 위해 헌금을 보내온 스파르탄 제일교회 목사 왓킨스의 이름을 붙여 '왓킨스 아카데미'라고 불렀다.

의사 교장

의료선교사로 귀국

오긍선은 서른에 유학을 마치고 미국 의사면허를 취득해 미국 남장로회 의료선교사로 귀국길에 올랐다(1907. 8). 무사히 졸업했다는 안도감에 긴장이 풀린 채 귀국을 서두르다가, 전보도 못 치고 요코하마로 가는 배를 탔다. 갑판 위로 올라가는 데 비릿한 공기가 코끝을 스치고 지나갔다. 순간 저만치 강과 바다가 만나는 군산이 아련하게 보이는 착시가 일어났다. 유학에 필요한 증명서를 받으려고 쌀쌀한 바람에 날리는 눈을 맞으며 알렉산더와 함께 동분서주하던 모습이 사랑하는 가족을 보고 싶은 마음과 교차했다. 태평양을 가로지르는 배 안에서 처음 서양 음식을 대하며 헝가리안 스프에 든 쇠꼬리를 삼켜 창피했던 일이며, 중국인으로 알고 '친친 차이나'라고 불렀던 동료들과 어울려 캠퍼스를 활보하던 일 등이 파노라마처럼 펼쳐졌다 사라졌다.

샌프란시스코 항을 출발한 만추리아호는 하와이를 경유해 17일 만에 일본 요코하마에 도착했다. 오긍선은 제물포로 가는 배가 이틀 뒤에 출발하는 것을 확인하고, 침례교 선교사 스테드먼을 만나러 갔다. 스테드먼 선교사는 1901년 4월에 미국으로 돌아가 목사 안수를 받고 일본으로 파송되어, 요코하마 북쪽에 있는 조후調布에서 활동하고 있었다.

시모노세키에서 배를 타고 긴 여정의 종착지 군산에 도착했다. 한 걸음에 집으로 달려가 대문을 두드렸다. 안에서 인기척 소리가 들리며 "밖에 누가 왔나 보다. 나가 보아라" 하는 소리가 들려왔다. 문을 활짝 열고 들어서자, 두 아이가 쏜살같이 안방으로 뛰어 들어가 할머니 뒤에 숨었다. 어머니는 먼발치에서도 한눈에 알아보고, "어서 오너라 아들아, 어서 오너라 내 아들아" 하며 그렁그렁한 눈으로 반가이 오긍선을 맞았다.

아버지는 저녁이 다 되어서야 시장에서 돌아와, 회심하고 세례를 받은 얘기에 이어 장인혁 씨와 같이 불 목사가 운영하는 학교에서 야간 학생들을 가르치고 있는 이야기를 들려주었다. 군산 정착 초기에 선교사 부인들과 같이 고무줄 놀이와 공깃돌 놀이를 하던 누이동생 둘은 일요학교를 돕고 있다고 했다. 아내 박현진에게 미안하고 고마운 마음을 전하며, 잠든 아이들을 보는 사이에 여름밤이 지나갔다.

이튿날부터 오긍선이 돌아왔다는 소식을 들은 일가친척, 서당 친구들, 교회와 궁말 사람들이 줄을 이어 찾아왔다. 지미디 미국

군산 영명학교(1919)

에 관해 이것저것 물어보았다. 더러는 알렉산더 선교사의 소식을 묻고, 혹자는 미국 사람들이 무엇을 하며 사는지 물었다. 알렉산더의 농장이 사방으로 20리(8km) 된다고 하자 많은 이들이 놀란 입을 다물지 못했다. 16층 높이의 건물에 대한 이야기를 듣고는 모두가 곧이 들리지 않는다는 표정을 지었다.

아버지가 출석하고 있는 구암교회당은 불 목사가 안식년을 떠난 이후로 얼 목사가 자리를 지키고 있었다. 영명학교 맞은편에 지난해 새로 지은 앳킨슨병원(군산 예수병원)은 연일 많은 사람이 진료를 받기 위해 찾았다. 해리슨 목사는 전주로 자리를 옮긴 전킨 목사를 대신해 얼 목사, 김창국 씨와 함께 영명학교에 나오는 46명의 학생을 가르치고 있었다. 해리슨 목사는 현장에서 시술할 수 있는 능력을 갖춘 열정적인 교육자로 한국에서 10년 넘게 활동하고 있어서 나눌 이야기가 많았다.

해리슨 목사는 수탈당하는 신세를 면치 못하는 사람들, 특히 쌀이 일본으로 수탈되는 광경에 허탈해하는 이들에게 새로운 희망을 주기 위해 여러 모양으로 노력하고 있는 선교사들의 이야기를 들려주었다.

열흘 쯤 지나서 오긍선은 서울로 가기 위해 집을 나섰다. 군산항을 떠난 배는 다음 날 이른 아침에 제물포항에 도착했다. 배에서 내려 곧바로 기차를 타기 위해 역으로 갔다. 경인선의 시발점은 1899년 9월 개통 당시에는 노량진이었는데, 한강 철교가 준공되면서 서울역으로 이전했다(1900). 기차는 인천에서 서울까지 32km(80리)를 매일 2회 운행되었다. 미국에서 돌아온 지 얼마 안 되어 여독이 가시지 않았지만, 차창 밖으로 간간이 보이는 초가집을 보며 시카고의 잘 정돈된 거리를 떠올렸다.

2시간여 만에 기차는 서울역에 도착했다. 오긍선은 곧바로 배재학당으로 발걸음을 옮겼다. 그런데 기차에서 내리는 순간 감시를 받고 있다는 생각이 들었다.

일본은 통감부를 설치한 이후 치안 유지를 한다며 서울 시내 주요 길목마다 헌병과 경찰을 배치했다. 그리고 1907년 7월 마지막 밤에 전격적으로 대한제국의 군대를 강제 해산한 후부디는 대한 사람이 항거하는 활동을 막기 위해 감시를 한층 더 강화했다.

오긍선은 군대 해산이 이루어진 지 한 달이 채 안 지난 시점에 서울에 도착했다. 거리에는 인직이 드물고 곳곳의 분위기는 삼엄

했다. 10년 전, 변화에 대응할 수 있는 실력을 키우고 보다 나은 삶을 위해 여러 가지 현안으로 강연과 토론을 벌이던, 그토록 활기 넘치던 서울의 모습은 어디에도 보이지 않았다. 잠시 종로 쪽을 바라본 후 돌담길을 따라 배재학당으로 들어갔다.

당시의 배재학당장은 벙커D. A. Bunker(한국이름 방거)였다. 벙커는 의사가 되어 귀국한 제자가 찾아오자, "닥터 오, 방문을 환영합니다"라며 두 팔을 벌려 한참 포옹했다. 그리고 주선한 일정에 따라 순종 황제를 알현했다. 벙커 교장이 오긍선을 소개하자 순종 황제는 "우리나라에도 그대와 같이 신문화를 달통한 인재가 있다니 반가운 일"이라며 칭찬했다. 오긍선에게 친히 백마白馬를 하사하며 황실의 전의로 와달라고 요청했다.

한편, 일본 통감부에서도 오긍선이 귀국한 것에 대해 큰 관심을 보였다. 초대 통감인 이토伊藤博文는 오긍선을 초청해 통감 정치에 협력을 부탁하며 관립 대한의원에서 근무해주길 바랐다. 대한의원은 1899년 4월 병원관제령에 의해 설립되었던 광제원을 1907년 3월 대한의원 관제령에 따라, 지금의 서울대학교 병원 자리인 종로구 연건동에 신축하고 개칭한 병원이다. 이때 관립의학교를 흡수해 의학교육을 겸했으며, 1910년 경술국치 이후에는 조선총독부의원으로 이름을 변경했다. 이토 통감이 대한의원 근무를 요청한 것은 구미식 자유주의 교육을 받은 지식인을 관립병원에 묶어두려는 뜻도 있지만, 강제 병합(경술국치) 이후 총독부의원의 기능 강화를 고려한 제안이었다.

오긍선의 금의환향은 본가와 친척들은 물론 공주와 군산 일대의 환영과 축하를 받았고 선교사들 사이에서도 화제가 되었다. 그는 다른 길, 곧 순종 황제가 제시한 정3품 벼슬인 황실 시의, 높은 급여를 받을 수 있는 대한의원 의관을 마다하고 의료선교사라는 길을 선택했다.

군산에서의 활동

다니엘의 조수

의사가 되어 돌아온 오긍선은 자신이 공부하는 동안 가족 모두가 무사한 것을 고마워하며, 좋은 조건의 근무를 모두 사양하고 '전도하기 위해 일을 하는' 군산으로 왔다. 그리고 9월부터 군산예수병원에 부임해 다니엘 의사의 조수로 근무를 시작했다. 이렇게 해서 오긍선은 호남지역에서 활동한 약 80여 명의 의료선교사 중 한 명이 되었다.

다니엘은 오긍선의 부임을 환영하며, 한동안의 침체에서 벗어났다. 다니엘의 부인 사라는 당시의 모습을 친정 어머니에게 전했다.

저는 행복하게 잘 지내고 있어요. 얼마 전에 알렉산더 선생님의 도움을 받아 의사가 된 오긍선 선생님이 한국으로 돌아와 그이를 돕고 있어요.   _다니엘의 부인 사라가 어머니에게 쓴 편지, 1907

다니엘은 오긍선, 케슬러Ethel Kestler(한국이름 케슬리)와 힘을 합쳐 의사가 되고 싶어 하는 3명의 학생을 가르치기 시작했다. 그리고 오긍선은 병원에서 멀리 떨어져 있는 사람들을 위해서 진료소를 마련했다. 오전과 오후로 나눠 군산항 근처에 있는 진료소를 찾은 환자를 보살폈다.

어느 날 아침 이른 시간에, 다니엘이 보낸 집사가 숨 가쁘게 오긍선을 찾았다. 다니엘의 둘째 아이가 갑자기 토하며 몸을 가누지 못하고 있다며, 도와달라고 했다. 오긍선은 다니엘의 집 거실에 들어서며 침대에 누워있는 아이와 아이의 손을 잡고 기도하고 있는 사라를 보았다. 아이는 진정이 되었는지 편안한 얼굴로 잠을 자고 있었다.

아이는 발병한 지 20일이 못 되어 끝내 부모의 곁을 떠나고 말았다. 사라는 큰오빠처럼 여기며 의지하는 레이놀즈가 함께해주길 바랐지만, 서울에서의 교통편이 여의치 않았다. 오긍선은 해리슨 목사, 얼 목사와 함께 밤을 새우며 슬픔을 나눴다.

안락소학교

오긍선은 유학 중에 미국 사람들이 부지런하게 일하고 또 무언가 배우려고 노력하는 모습에 깊은 인상을 받았다. 병원 일을 돌보고 진료에 분주했지만, 군산 사람들의 개화와 문맹 퇴치를 위해 무언가를 해야겠다고 마음을 먹었다. 부임한 이듬해부터 어린이 교육을 위한 사업을 구상했다. 그리고 구암교회당에서 운영하는 일요학교를 확대해 소학교 과정을 개설하기로 뜻을 모아 학교를 시작했다. 학교의 이름을 "안락학교"라고 지었다. 안락은 알

군산 안락소학교(1909)

렉산더의 한국식 이름이다.

영명학교 교장

중학교 과정의 영명학교永明學校 교장직을 맡은 오긍선은 학교의 기틀을 세우고, 교육과정을 새 학교령에 맞춰 정규 학교가 되도록 하는 데 힘을 기울였다. 이 시기는 사립학교령이 처음으로 제정 공포되어(1908년) 일반 국민의 신식교육에 관한 관심이 높아지기 시작할 무렵이라 종래 미국 선교사들이 주도하던 학교 교육이 국내 재단에 의해서도 차츰 시도되고 있었다. 즉, 개화 초기인 1890년대까지 미국선교회에서 설립한 배재培材, 경신儆新, 이화梨花, 광성光成, 숭실崇實, 일신一新, 배화培花학교 등이 신학문 교육에 큰 성과를 거두게 되자 1900년대에 들어서면서 국내 재단에서도 학교 설립에 나서게 된 것이다. 보성普成, 양정養正, 휘문徽文, 진명進明, 오산五山, 대성大成 학교들이 그때 설립되었다.

선교부에서도 멜볼딘여학교(군산, 1902), 계성啓聖(대구, 1906), 수피아여학교(광주, 1907), 기전여학교(전주, 1907), 신흥학교(전주, 1908)

등을 전국 각지에 설립했다. 오긍선은 군산에 세워진 안락학교와 영명학교에서 봉사했다. 특히, 영명학교에서는 교장직 수행은 물론 직접 영어와 수학을 가르쳤다.

오긍선은 1908년 11월, 목포 예수병원장으로 부임했다. 그리고 다음 해 5월에 군산으로 다시 복귀해 병원을 지켰다. 의사로서의 소임을 다하며 명절이 되면 쌀을 들고 가난한 사람들을 찾아갔다. 그리고 자라나는 세대를 가르치는 일에 정성을 쏟았다.

목포에서의 활동

예수병원 원장

선교부의 결정에 따라, 오긍선은 1908년 11월 목포 예수병원 책임자로 자리를 옮겨갔다. 목포에서의 의료사업은 병원을 찾아오는 환자만 아니라 낙도 주민을 순회하며 진료하는 것을 포함한다. 주말마다 의료선을 띄워 크고 작은 섬에 사는 주민을 진료하는 것은 여간 고되지 않았다. 오긍선은 순회 진료를 나서는 동료 선교사를 볼 때마다 배재학당의 은사인 아펜젤러 목사를 떠올리며 선교사로서 바른 삶을 생각하곤 했다.

당시 대한제국은 일본의 보호국으로(1905), 고종이 강제 퇴위 당하고 순종이 즉위한(1907) 상황에서 통감이 임명한 일본인 차관이 정부의 각 부처를 좌지우지하던 이른바 차관정치의 시대였다. 일본은 차관정치를 통해 대한제국의 군대를 강제 해산하고(1907), 경찰을 통합해 일본 관헌의 지휘 및 감독을 받게 하고, 사법권까

목포 예수병원(왼쪽,1920)

지 탈취함으로써(1909) 강제 병합을 위한 기반을 다졌다. 이에 대항해 대한 사람은 독립과 국권 회복을 위한 다양한 유형의 활동을 전개했다.

민족의 자주독립 운동은 계몽운동과 의병운동을 중심으로 전개되었다. 계몽운동은 실력을 키워 민족의 역량을 증강하자는 것이었다. 초기에는 주로 신문, 잡지, 강연 등을 통해 개인의 생명과 존엄, 자유와 평등, 권리와 행복에 관한 사상과 의식 고양에 필요한 지식을 전달했다. 이 운동은 학교를 중심으로 활발하게 전개되었다. 이는 학교가 계몽운동의 최적 공간이었기 때문이다. 따라서 계몽운동가와 지식인들은 대한제국의 주권이 침탈당하는 상황에서 한국말, 한국지리, 한국역사 등을 교육하기 위해 민족학교를 설립하는 일에 주력했다. 오긍선은 1909년 5월 군산 예수병원장으로 전임할 때까지 선교사들이 세운 학교, 특히 영흥학교를 중심으로 자주독립과 신학문 교육에 심혈을 기울였다.

왓킨스의 오긍선(뒷줄 오른쪽, 1909)

영흥학교 교장

오긍선은 1911년 9월, 포사이드 의사의 후임 병원장으로 부임했다. 오긍선은 병원 운영과 교육 사업을 병행했다.

한 민족이 자주독립을 성취하려면 구성원 모두가 그에 합당한 정신과 역량을 한데 모아야 한다. 오긍선은 청소년들에게 새로운 학문을 가르치고 동시에 민족의 혼을 깨우쳐야 한다고 굳게 믿었다. 그는 영흥중학교 교장으로 활동하며, 직접 학생들을 만나고 가르쳤다.

목포는 서북 지방보다 비교적 늦게 개화가 이루어졌지만, 일제 치하 때 배일의식을 가장 선명하게 드러낸 고장의 하나이다. 목포 사람이 일찍이 새로운 학문과 민족정신을 기른 결과라고 할 수 있다.

오긍선은 목포로 전임한 해에 딸과 아들을 얻는 기쁨을 누렸다. 1908년 목포로 내려오기 3개월 전에 둘째 딸 기순이, 1909년 12월 셋째 딸 삼순이, 1911년 9월 부임 직전에 둘째 아들 진영이 태어났다. 그리고 1912년 12월, 미국 남장로회 선교부를 대표해 세브란스병원의학교로 파견이 결정되었다. 의료선교사로 귀국한 지 5년여 만에 전문적인 의학교육을 할 수 있는 일대 전기를 맞았다.

교육 사업 평가

오긍선은 1907년 8월 귀국 직후부터 5년여 동안 군산, 목포 등지에서 의료사업을 전개하여 큰 성과를 거뒀다. 그는 서울로 가기 전 자신의 사역을 정리하면서 선교부 의료사업을 재평가하는 기회를 가졌다. 오긍선은 호남 일대에서 펼쳐진 의료사업에서 괄목할만한 성과를 거뒀다. 의료선교사로서 항상 순박한 봉사 정신과 배우는 데 최선을 다한 결과였다. 또한, 오긍선이 청소년을 위한 교육 사업을 함께했다는 사실도 높이 평가할만하다.

이 시기에 대한의원을 개칭한 조선총독부의원을 비롯해 적십자의원(1905), 대구 동인의원과 평양 동인의원(1906) 등 전국 곳곳에 관·공립 병원이 설립되었다. 동인의원은 일본인 의사들의 단체인 동인회同人會가 들어와 세운 병원으로 부속 의학교를 운영했다. 동인회는 의술을 통해 동아시아에 일본의 영향력을 확대할 목적으로 1902년 결성되었으며, 일본 정부와 군부가 이들의 활동을 지원했다. 동인회가 세운 병원은 강점 직전에 자혜의원으로 개편되었다가, 1920년대에 도립의원으로 재편되었다.

오긍선은 목적과 성격을 달리하는 의료사업 기관, 곧 제국주의자들이 운영하는 관립병원과 종교적 목적을 이루기 위해 세워진 선교병원 사이에 어떤 유사점과 차이점이 있는가를 살폈다. 그리고 의료선교사 시절의 체험을 살려 의료사업의 공과를 평가해, *The Korea Mission Field*(1927. 2)에 「선교병원은 한국인에게 이양되어야 할 것인가?」라는 제목의 글을 투고했다. 이 글에서 오긍선은 선교병원만이 아니라 의학교육, 전문의 제도 등 우리나라 의료제도 전반을 언급했다. 한국의 의료계 실태를 광범위하게 파악하고, 선교병원이 나아갈 바를 제시했다. 즉, 관립병원과 경쟁 관계인 선교병원이 설립 정신을 계승하며 올바른 의료사업을 전개하려면 시설을 보완하고 더 많은 의사를 충원해야 한다고 했다. 만일 그렇게 할 수 없다면 재정적인 지원과 선교부의 협력 아래 한국인에게 이양하라고 촉구했다.

한편, 오긍선은 한국 교육계의 선구자이기도 하다. 5년간 의료선교사로 활동하며, 학교 설립과 운영에 관여하며, 직접 가르치기도 했다. 그러한 경험을 토대로 The Korea Mission Field (1914. 2)에 「한국적 견지에서 본 학교 교육의 중요성」이란 제목의 글에서 개화기 교육 실태에 대한 문제점을 평가했다.

먼저, 교육의 중요성에 관하여 다음과 같이 언급했다.

언젠가 나이 많은 선교사 한 분이 합당한 교육이란 시간과 장소와 환경에 적응할 수 있어야 한다고 말하는 것을 들은 적이 있다. 이 말은 다른 나라에도 적용되겠지만 특히, 한국과 같이 현재 개화를 서두르고 있는 나라에서는 교육의 진실을 말해주는 것 같다. 지금 한국은 교육의 진도에 따라 변화하고 있다. 한국의 교육은 한국인을 위해서 영원히 발전해 나가야 할 것이다.

이어서 학생지도 방법을 다음과 같이 제시했다.

나는 어린 학생들과 함께 지낸 경험이 있는데 그들은 전날 배운 것을 밤사이에 거의 잊어버린다. 그들은 또 전날 배운 것을 이해하지도 못한 채 다음날 학교에 가서 새로운 것을 배운다. 나는 자녀들의 공부에 낙담하는 그들 부모를 원망하기보다는 동정을 한다. 왜냐하면, 학교에서 학생들이 집에 돌아가기 전에 일정한 시간을 정해서 복습을 시키면 될 것이라고 생각하기 때문이다. 나이든 몇몇 학생들에게는 필요 없을지 모르지만, 나이 어린 대다수 학생에게는 복습을 시켜야 할 것이다.

마지막으로 스승을 대하는 태도와 우수한 교사 확보 문제를 언급했다.

한국 예법은 임금과 선생과 아버지를 똑같이 존경하도록 가르친다. 그러므로 학생들은 부모에게 복종하듯이 스승에게도 복종하여야 하며 스승이 돌아가시면 석 달 동안 애도하곤 한다. 좋은 학교일수록 훌륭한 선생을 모셔 와야 하나 어떤 학교는 재정문제로 그러지를 못하여 충실치 못한 교육이 행해지고 있는 줄 안다. 만일 학교에 유능한 선생이 없으면 그 학교는 학생 수가 점점 줄어들 것이다.

오긍선은 서양 학문을 배웠지만, 한국의 전통적 교육관을 버리지 않았다. 교육이 세상을 이해하고 적응하는 데 큰 도움이 된다고 믿었으며, 군사부일체라는 오래된 가르침을 통해 좋은 교사의 중요성을 강조하면서 학생들의 어려움을 이해하는, 영락없이 인자한 스승이었다.

세브란스의 첫 한국인 교수

세브란스의전에서 오긍선과 같은 인재를 길러내길 바랍니다.
Louis H. 세브란스, 1907

새로운 일터, 세브란스연합의학교

제중원의학교

　세브란스연합의학교는 알렌이 헤론John W. Heron(1856~1890), 언더우드와 함께 제중원에서 시작한 제중원의학교를 그 출발점으로 삼고 있다. 알렌은 1886년 3월 29일 학생 16명으로 제중원에서 의학교육을 시작했다. 제중원의학교는 조선 정부가 의학교 관제령을 제정해 설립한(1899) 관립의학교(서울대학교 의과대학 전신)보다 13년 앞서 개교했다.

　알렌은 제중원에서 이루어진 의학교육에 관하여 뉴욕 선교본부에 다음과 같이 보고했다.

1884년 갑신정변 직전에 서울에 도착하여, 정변에서 부상당한 민영익 공의 치료를 의뢰받았으며, 또한 여러 명의 청나라 부상병도 치료해 주었다. 이러한 치료 사례의 결과로 서양 의술의 우월함이 나타나자 많은 한국인들도 치료받을 기회를 가지기를 바라고 있다. 그 결과 모든 환자를 골고루 돌볼 시간이 충분하지 않게 됨에 따라 일종의 병원이 필요해졌다. 그러므로 병원 설립 계획 및 그에 대한 설계서를 작성하여 주한 미국 공사 포크의 동의를 구하여 조선 정부에 제출했다. (…)

이 병원 설립안에 표현된 대로 병원 내에 의학교를 설립하고자 하는 것이 원래의 의도였다. 물론 이 일이 즉시 시작될 수는 없었지만, 개원 1년이 다 되어 갈 즈음 병원이 매우 성공적이었기에, 우리는 (…) 제중원의학교를 개교할 수 있었다. (…)

의학교는 1886년 3월 29일에 경쟁시험을 거쳐 선발된 학생 16명으로 개학했다. 이 학생들에게 가능한 한 빠르게 영어를 가르쳤다. 일부 학생의 영어가 꽤 높은 수준에 도달해 있으므로 우리는 그들이 과학 공부를 할 수 있을 것으로 기대하고 있다.

선발된 학생들은 외무아문의 독판 및 협판과의 회의에서* 채택된 학교 규칙에 따라, 4개월간 후보생 자격으로 공부를 한다. 이들 중 성적이 우수한 12명을 선발하여 정규 과정에 편입시키고, 성적에 미달한 4명은 낙제시킬 예정이다. 매년 이러한 방식으로 12명의 학생을 선발할 예정이다. 이들에게는 식사비, 기숙사비 및 학비 등을 제공할

* 외무아문은 조선 말기 외교행정을 관장하던 중앙관청이나. 독판은 장관, 협판은 차관 벼슬을 이르던 말이다.

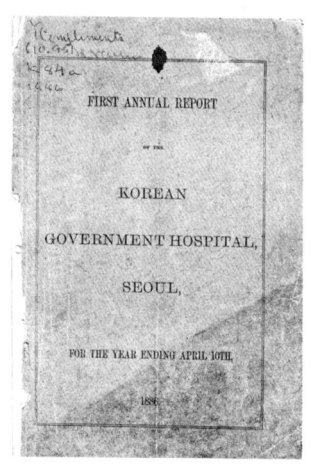

「제중원 1차년도 보고서」(1886)

것이며, 졸업한 후에는 즉시 정부 관리로 등용되어 주사라는 관직을 가지게 될 것이다.

알렌은 「제중원 1차년도 보고서」(1886. 4. 10)에서 제중원 설립 동기와 의학교육 계획을 제시한 사실을 밝히고 있다. 또한, 의학교 설립 연월일과 연차적인 교육 계획, 졸업생들의 취업 문제까지 구체적으로 명시했다.

그러나 알렌은 1887년 가을, 주미 한국공사관 고문으로 전직했다. 이후 의학교는 물론 제중원까지 어려움에 직면했다. 알렌의 뒤를 이은 헤론이 1890년 7월에 갑작스럽게 병사한 데다, 헤론의 후임인 빈튼C. C. Vinton(한국이름 빈돈)이 병원 운영보다 선교에 더 관심을 가졌기 때문이다. 이처럼 잦은 인사이동에 운영난까지 겹치는 바람에 애초 계획대로 의학교육을 시행하지 못했다. 제중원의학교가 본래의 모습을 되찾기 시작한 것은 에비슨이 부임한 (1893) 이후였다.

에비슨은 제중원의 부실한 운영이 상당 부분 정부에서 임명한 관리들 때문이라는 사실을 파악했다. 기존의 운영 방식으로는 환자를 우선시하는 것은 물론 선교하는 병원을 할 수 없다고 판단했다. 에비슨은 조선 정부와 협상을 벌여 개원한 지 9년 만에 제중원 운영권을 미국 북장로회 선교부로 이관했다(1895. 9. 26). 그리고 중단된 제중원의학교를 되살리기 위해 학생을 모집하고, 의학 서적을 한국어로 번역하는 계획을 추진했다. 「조선선교부 1895년도 선교보고서」에 에비슨 의사의 활약상을 다음과 같이 설명했다.

정부 병원(제중원)의 책임자로 부임한 에비슨은 정부에서 파견한 관리들이 병원 운영비를 횡령하는 등 부패를 일삼고, 자신을 억누르려고 했기 때문에 병원일을 전면 거부했다. 이에 고종은 서울 주재 미국공사관에서 일하는 알렌과 협의해 제중원의 운영 방식을 개혁하고, 에비슨이 제중원 책임자로 복귀하는 데 필요한 조치를 약속했다. 이에 따라 부패한 관리들은 모두 파면되고, 의료선교사는 절대적인 신임을 받았다.

에비슨은 제중원의 정상적인 운영을 위한 제반 여건을 마련하고, 운영권을 미국 북장로회 선교부로 이관함으로써, 한동안 부진했던 의학교육을 다시 시작할 수 있었다. 1895년 조수로 선발한 몇 명의 학생들에게 의학교육을 시작했다. 이후 1934년까지 40여 년 동안 세브란스의전의 토대를 구축했다.

상호협력에 의한 의학교 운영

에비슨은 첫 안식년을 마치고 한국으로 돌아오기 위해 준비를 하던 중 선교부 총무인 엘린우드F. F. Ellinwood로부터 복귀를 늦춰

달라는 연락을 받았다. 엘린우드는 에비슨이 1900년 4월에 뉴욕에서 열리는 에큐메니컬 선교대회에 참석해 한국의 의료선교 상황을 보고해주기를 바랐다.

에비슨은 한국에서 진행되고 있는 선교 사업을 보고하는 한편, 의료사업에 선택과 집중이 필요함을 설파했다. 교파별 또는 선교지회 단위의 의료사업을 통해 일시적인 효과를 기대할 수 있지만, 시설과 설비의 한계가 있다고 주장했다. 이를 해결하기 위한 방안으로 종합적인 진료 체계를 갖춘 근대식 병원을 설립하는 것과 함께 현지인 의료 인력을 양성하는 의학교육을 시행해야 한다고 했다. 그리고 이 모든 사업을 위해서 교파 간 연합이 필요하다는 사실을 강조했다.

실업가이자 자선가인 세브란스Louis H. Severance(1838~1913)는 에비슨이 강조한 '교파 간 연합'이라는 말에 크게 공감했다. 그는 평소 어느 곳엔가 병원 설립을 위해 기부금을 내겠다고 마음먹고 있었다. 에비슨의 연설이 끝난 후 세브란스는 엘린우드에게 한국의 서울에 세워질 병원의 건립비용으로 10,000달러를 기부하겠다고 약속했다.

병원 부지는 애초 구리개에서 숭례문 밖 복숭아골로 정해졌으며, 그 과정에서 세브란스는 5천 달러를 추가로 기부했다. 러일전쟁 여파로 자재비가 상승하는 바람에 건립비용이 25,000달러로 올라갔으나, 세브란스는 이 비용도 흔쾌히 기부했다. 에비슨은 병원을 준공하고 1904년 9월 23일 병원 봉헌식을 하는 자리에서 병원 설립자의 이름을 기억하기 위해 "세부란씨병원"이라고 명명

세부란씨병원 개원식 초청장(1904)

했다. 하지만 사람들은 얼마동안 입에 익은 제중원을 계속 사용했다.

최신 시설과 장비를 갖춘 세브란스병원은 1907년 8월 말 세브란스가 재차 기증한 2만 달러로 격리병동과 진찰실을 건립하여 환자 진료와 학생 강의에 더욱 완벽히 하게 되었다. 이렇듯 세브란스병원은 "받는 기쁨보다 주는 내 기쁨이 더 큽니다"라며 드러내지 않는 세브란스의 자선 정신과 기부 덕분에 든든히 세워졌다.

한편, 에비슨이 뉴욕 선교대회를 마치고 돌아왔을 때, 학생들은 뿔뿔이 흩어져 한 명도 없었다. 에비슨은 학생들의 사정을 일일이 확인하고, 안정적으로 공부할 수 있는 여건과 상래에 대한 불안을 해소하려면 현실적인 문제는 물론 의학교의 구체적인 로드맵과 그들의 일자리를 마련할 대책이 필요하다는 점을 절감했다.

에비슨은 학비와 생활비를 지원하는 방안을 마련하고, 5년제 학제를 정식 학제로 인정받기 위해 교육 당국과 협의했다. 그리고 입학한 학생에게 최소한 8년 동안은 남아 있겠다는 약속을 받아냈다.

1908년 첫 졸업생 중에 홍석후와 홍종은이 있다. 두 사람은 1906년 관립의학교를 졸업하고 제중원의학교에 편입한 인물이어서 그 당시 제중원의학교의 교육수준이 우수했음을 짐작케 한다. 첫 졸업생은 모두 7명이었다.

김희영金熙榮, 김필순金弼淳, 박서양朴瑞陽, 신창희申昌熙, 주현칙朱賢則, 홍석후洪錫厚, 홍종은洪鍾殷

에비슨은 의사 양성뿐 아니라 간호사 양성에도 관심을 기울였다. 간호사를 환자와 의사 사이에 필요한 의사소통으로 환자의 진료와 건강회복에 결정적인 역할을 하는 귀한 존재로 여겼다. 때마침 평안북도 선천에서 활동하다가 세브란스로 부임한 간호사 쉴즈Esther L. Shields(한국이름 수일사)가 한국인 간호사 양성이 꼭 필요하다며 "간호부양성소" 설립을 제안했다. 산부인과 담당 의사인 허스트Jesse W. Hirst(한국이름 허시태) 역시 여성 간호사의 도움이 절실하다며, 쉴즈의 제안을 적극적으로 지지했다. 간호부양성소는 1906년 설립되었다.

하지만 학생을 선발하고 양성하는 과정에 몇 가지 어려움이 따랐다. 당시에는 대부분 부모가 딸을 학교에 보내려고 하지 않았으며, 여성의 바깥출입을 달가워하지 않는 인습과 조혼 풍속이 있었다. 그러한 어려운 여건 속에서 세브란스 간호부양성소는 김배세를 첫 졸업생으로 배출했다.

에비슨의 주도 아래 세브란스병원의학교는 교파 간의 연합된 노력으로 현장의 필요를 채워가며, 수업 연한을 4년으로 정하여 매년 졸업생을 배출할 수 있는 체제를 갖추게 되었고, 외래진료소와 새 교사를 완공함으로써 일대 전기를 맞이하게 되었다.

연합의학교

에비슨은 의학교의 체제가 갖추어질수록 한국인 교수의 필요를 더욱 절감했다. 일찍이 의학서적을 번역하는 과정에서 의학용어를 현지화해야 한다는 것을 인식한 바 있으며, 생명을 다루는 의학교육의 체계를 세워가는 과정에 현지인이 함께하면 더 좋겠다는 생각을 가지고 있었다. 즉, 한국인 의사를 양성하는 데는 한국인 교수를 채용하는 것이 가장 확실하고 효과적인 방법이라고 판단했다. 더욱이 서양 의학에 대해 큰 기대를 가지고 의사가 되고 싶어 학교에 돌아온 학생 가운데 갖추지 못한 여건과 긴 수학 연한을 견디지 못해 중도에 포기하는 경우를 대할 때마다 안타까운 마음에 조급함이 더해지는 것을 느꼈다. 에비슨은 이러한 문제섬을 해결하기 위해 한국인 교수를 찾았다.

당시에 미국에서 의학공부를 하고 들어온 한국 사람으로는 앞에서 언급한 김점동이 있었다. 또 한 사람은 바로 1907년 여름에 귀국한 오긍선이다. 하지만 연합 이전이어서 교수로 초빙하는 것은 여러 난관이 있었다. 그러던 중 독자적인 병원 설립과 운영이 어렵다고 판단하는 교파가 생겨났고, 일부에서 교파 간 연합의 필요성을 제기했다. 1913년에 이르러 마침내 미국 북장로회, 미국 북감리회, 미국 남장로회, 캐나다 장로회, 호주장로회, 미국 남감리회 등 6개 교파는 에비슨의 제안을 따라 세브란스의학교 운영에 참여하기로 합의했다.

그런데 교파 간 연합은 미국 북장로회와 미국 북감리회가 병원과 학교사업을 함께하기로 합의하고, 1907년에 창립된 한국의료선교사협회가 세브란스병원의학교에 관심을 가짐으로써 그 토대가 마련되었다. 그런데 교파 간 연합이 가시화하는 데는 정부가 1908년에 세브란스의전 제1회 졸업생들에게 내준 의사면허가 주효했다.

각 교파 선교부는 정부가 의학생 7명에게 의사면허를 내어주자, 세브란스병원의학교를 "한국의 선교 사업에서 가장 중요한 기관"이라는 데 인식을 같이했다. 이런 공감대를 바탕으로 세브란스병원의학교를 더욱더 안정적인 토대 위에서 운영하기 위해 연합의학교 건립에 힘을 모으기로 했다. 그리고 1908년에 개최된 회의에서 선교부의 승인을 전제로 세브란스병원의학교서 강의할 의료선교사를 파송하기로 결의했다. 이에 따라 영국성공회, 남·북 감리회는 연합에 관하여 구체적으로 합의가 이루어지지 않은 상태였지만 각각 교수 요원을 파견하고 학사운영에도 참여했다.

1913년에 이르러 새로운 교사가 완공되자 봉헌식에 맞추어 교명을 "세브란스연합의학교"로 변경했으며, 이후 매년 졸업생을 배출했다. 각 교파에서 한국인 교수를 재정적으로 후원하기 시작한 것도 이때부터이다.

미국 북장로회: 고명우, 강문집
미국 북감리회: 박서양
미국 남감리회: 홍석후

한국인 첫 교수

에비슨은 세브란스병원의학교 운영에 관한 교파 간 합의가 이루어지자 최우선으로 미국 남장로회 선교부에 오긍선을 초빙하고 싶다는 의사를 피력했다. 이에 미국 남장로회 선교부는 남장로회 의료진을 대표해 오긍선을 세브란스연합의학교에 파견하기로 결정했다. 파견 제안을 받은 오긍선은 흔쾌히 수락했다. 지방에서 의료사업을 전개하는 것 못지않게 앞날을 위해 의학을 배우고자 하는 학생들을 가르치는 것이 보람 있다고 생각했기 때문이다.

오긍선은 1913년 초, 리딩햄Roy Samuel Leadingham(한국이름 한삼열)과 하딩Maynad C. Harding에게 목포진료소를, 힐Pierre B. Hill(한국이름 길빌하)에게 일요학교를 부탁하고 군산으로 돌아왔다. 5년여 농안

세브란스로의 전임 기사(1913. 7. 23)

정착했던 곳을 정리하고 서울로 가기 전에 준비할 것이 많았다. 철부지 아이들은 서울로 이사를 한다고 좋아하지만, 할아버지와 할머니의 얼굴에는 손주들을 자주 볼 수 없다는 서운한 기색이 역력했다. 오긍선 역시 하나라도 더 배우려고 학교에 몰려드는 아이들이 눈에 밟혀 마음이 무거웠다. 3개월 전 알렉산더에게 하딩이 목포에 도착했다는 소식을 전하며, 언어 공부를 마치는 대로 헤딩을 병원 책임자로 앉히고, 자신은 학교 일에 더 집중하고 싶다고 했었다. 의료선교사협회에서 에비슨의 제안을 받았을 때만 하더라도 일이 이렇게 빠르게 진행될 것이라고 생각지 못했다.

세브란스의전은 1913년부터 교파 연합으로 운영했다. 하지만 미국 북장로회에서 파견한 교수 요원 이외에는 모두 비전임으로 1년 내외 단기간 근무했다. 오긍선의 경우 처음 파견 기간은 3개월이었다.

오긍선은 5월부터 다른 교파에서 파견된 4명의 의료선교사와 함께 세브란스에서 근무를 시작했다. 그는 김필순(1878~1919), 박서양(1885~1940), 홍석후(1883~1940)에 이어 네 번째로 강단에 서게 된 한국인이었다. 이후 오긍선은 한국인으로서는 처음으로 세브란스의전의 정식교수가 되었다.

세브란스연합의학교 교수로 자리를 옮긴 오긍선은 1942년 정년으로 퇴직할 때까지 31년 동안 세브란스의전을 지키고 성장시키는 중심인물이었다. 그와 함께 근무를 시작한 의료선교사는 다음과 같다.

목포 일요학교와 오긍선(오른쪽 첫 번째, 1912)

세브란스연합의학교 교수진과 졸업생(위에서 세 번째 줄 중앙 오긍선, 1917)

미국 남감리회 후원: 바우만Dr. N. H. Bowman

미국 북감리회 후원: 반버스커크Dr. James D. Van Buskirk

호주 장로회 후원: 커렐Dr. Hugh Currell(한국이름 거열), 맥라렌Dr. Charles I. McLaren(한국이름 마라연)

'세브란스의 백과사전'

오긍선은 미국 남장로회 선교부의 대표로 파견되었지만, 실제로는 교파 간의 연합을 주도한 에비슨 교장이 특별히 공을 들여 맞아들인 인물이었다.

당시 세브란스에는 에비슨 교장을 비롯해 필드Eva Field, 웰스James H. Wells(한국이름 우월시), 샤록스Alfred M. Sharrocks(한국이름 사락수), 밀스Ralph G. Mills(한국이름 마일서), 허스트 등이 강의와 외래 진료를 맡고 있었고, 그와 같은 시기에 들어간 반버스커크, 커렐, 맥라렌, 다니엘 등이 강의와 부서의 일을 분담했다. 그러나 학생들의 학습 이해력을 높이는 데는 오긍선이 단연 최고였다.

오긍선은 해부학 교수로 부임했지만, 해부학 강의 이외에 학생들의 이해를 돕기 위해 각 과에 대한 보충 강의를 시행했다. 또한, 기초의학 전담 교수들이 확보되지 않아 생리학, 병리학, 약리학 등 미국인 임상교수들이 분담해서 가르치던 것을 도맡아 가르쳤으며, 내과학, 외과학, 임상학의 보충 강의까지 담당했다. 이러한 사정 때문에 부임 첫해에 오긍선은 '세브란스의 백과사전'이란

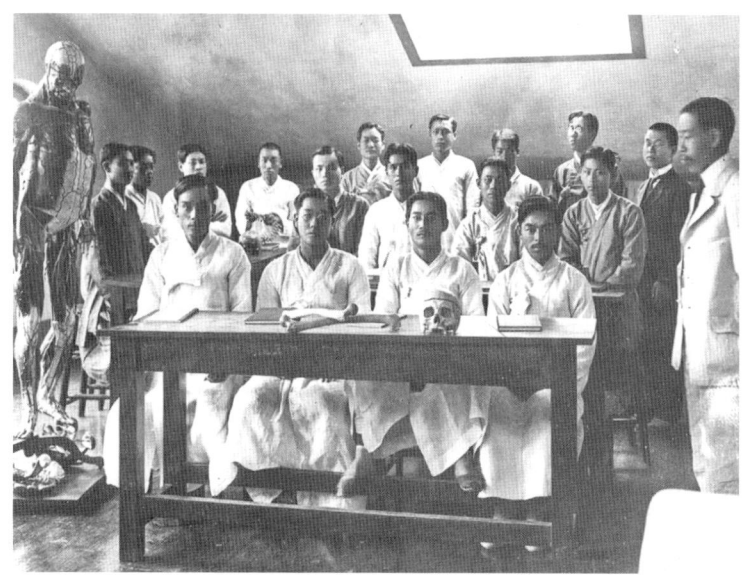

오긍선의 해부학 강의(앞줄 오른쪽 서 있는 사람, 1921)

별명을 얻었다.

부임 초부터 임상 및 기초의학 등 모든 분야에서 베틀의 북처럼 바쁘게 움직여야만 했던 백과사전 교수가 여유 있는 시간을 가지게 된 것은 부임하고 2년이 지나서였다. 제1회 졸업생인 홍석후가 안과 조교수로, 박서양이 외과 조교수로 강의했고, 다음 해인 1916년 초 한국인 교사 이익채李益采가 학생들의 영어를 담당했기 때문이다. 또 이 부렵에 캐나다 장로회에서 파견한 스코필드Frank W. Schofield(한국이름: 석호필)가 세균학, 일본인 교수 카노加納가 해부학을 강의하는 등 기초의학 교수진이 충원되었다.

동경 유학과 의료선진국 시찰

의사면허

조선총독부는 1913년 11월에 〈의사규칙〉을 공포하여 본격적으로 조선의 의료제도에 관여하기 시작했다. 새로운 규칙은 조선총독이 지정한 의학교를 졸업한 자 또는 조선 총독이 정한 의사시험을 통과한 자에게만 의사면허를 발급하도록 하는 등 각종 준수사항과 금지사항을 정교하게 규정했다. 따라서 세브란스연합의학교 학생들은 1914년부터 관립 의학전문학교 학생들처럼 졸업과 동시에 의사면허증을 받지 못했다. 의사면허증을 받기 위해서 검정시험을 치러야 했다. 제1회 의사시험에 응시한 15명 중 8명이 합격했다. 이후 시험에서는 지원자의 절반에 못 미치는 수가 합격했다. 오긍선은 이와 같은 교육환경을 개선하기 위해 경영진을 설득하는 한편, 수험생의 편리를 위해 학교 자동차를 내어주었다. 그리고 조선총독부 학무국을 찾아가 무시험 면허 취득이 가능하도록 교섭을 벌였다.

일본 제국주의자들은 조선의 국권침탈에 성공한 후 조선총독부를 통해 식민지화를 추진했다. 그런데 미국 선교사들의 활동을 합법적으로 제재할 수 있는 입법이 이루어지지 않아 증가일로의 미션학교를 막을 방법이 없었다. 조선총독부는 1차로 민족계열 학교를 대상으로 탄압을 가했다. 이에 홍화학교, 대성학교, 상동청년학원 등은 탄압을 견디지 못하고 폐교했다. 이러한 상황에서 일제는 사립학교법을 개정해 선교사들이 세운 학교에 대해서 간

섭할 수 있는 근거를 마련했다. 1915년에 들어서면서부터 조선총독부는 각급 사립학교에 대한 탄압을 한층 더 강화했다. 모든 사립학교에서 한국의 지리, 역사, 성경 등을 교육과정에 넣을 수 없도록 하고 그 대신 일본어 교과목을 대폭 늘릴 것을 강요했다. 또한, 〈전문학교령〉을 공포해 일본 국내법을 적용해 교수를 임용하게 했다. 이는 일본 문부성이 인정하는 학위를 가진 교수만 인정하는 방식으로 고등교육 기관을 탄압하기 위한 법적인 장치였다.

이때는 언더우드 선교사가 조선 크리스천 칼리지Chosen Christian College 설립을 추진하던 시기였다. 조선총독부는 법령 제정을 통해 사립대학의 설립 조건을 강화하는 한편, 이미 운영되고 있는 학교에 대해서는 교수 임용 자격을 제한하는 입법을 추진했다. 그 당시 국내에는 이미 세브란스의학교, 이화학당, 숭실대학과 장로교와 감리교의 연합으로 추진된 조선기독교대학이 있었고, 이용익에 의해 설립된 보성전문학교 등 여러 학교가 있었다. 그리고 관립전문학교인 경성의전, 경성법전이 있었다.

오긍선은 개정된 법령의 제1차 적용 대상자로 지목되었다. 조선총독부가 미국 학위를 인정하지 않았기 때문이다. 오긍선은 박서양, 홍석후와 함께 큰 충격을 받았다. 일본어로 수업을 진행하라는 정책을 따를 수 없다고 생각한 오긍선은 학교를 사임하고 병원을 개업하려고 했다. 이런 사정을 파악한 에비슨은 오긍선이 개업하려는 것을 극구 만류하며, 동경 유학을 권했다.

오긍선의 임상강의 모습(1935)

동경 유학

오긍선은 고심 끝에 동경 유학을 결심했다. 그리고 1916년 4월, 일본으로 건너가 동경제국대학 의학부에서 1년간 공부했다.

동경제국대학에서 피부비뇨기학의 권위자인 도히土肥 교수의 지도를 받으며 피부비뇨기학을 연구했다. 일찍이 헤이 교수의 영향을 받아 임상실습 경험을 한 오긍선은 전공을 심화할 좋은 기회였다. 그런데 동경 체류 기간에도 일본 관헌들의 감시와 미행 때문에 자유롭지 않았다. 일본 천왕의 행차가 있을 때마다 사복 경찰이 오긍선의 곁을 떠나지 않았다.

오긍선은 동경제국대학에서 연구 생활을 마치고 1917년 5월에 돌아왔다. 그리고 세브란스연합의학전문학교 피부비뇨기학과장

겸 주임교수로 임명되었다. 이때 전문학교 병원 수준의 '교실'체제가 처음 만들어졌고, 피부비뇨기병과 교실을 설립했다. 오긍선이 한국 피부과학의 개척자가 되었음을 의미하는 것이다.

오긍선은 교실을 운영하면서 도히 교수가 저술한 『피부과학皮膚科學』(1915)을 학생들에게 추천하고, 수업에 활용했다. 일본에서 연구한 것을 정리해 "놀랍게 발달하는 새 의학"이라는 제목으로 『매일신보』에 투고하기도 했다.

의료선진국 시찰

지식인으로 지도적인 위치에 있던 오긍선은 대외 활동에도 적극 참여했다. 하지만 드러나지 않게, 그리고 "이상은 높은 데 두고 아래를 내려다보며 살아가라"라는 교훈을 실천했다. 청년들과 함께한 토요구락부, 고아들을 돌보는 보육원 사업 등이 대표적인 예이다. 토요구락부는 배재학당 시절 체험했던 토론회를 떠올리며 만든 것으로, 모임에 함께하는 청년들의 정체성과 세계관 형성에 자극을 주었다. 그리고 남대문교회 김병찬 장로가 고아들을 보살피는 일에 동참해 경성보육원을 설립하는 데 이바지했다.

에비슨은 1920년 3월, 오긍선을 학감에 임명하고 학사행정 대부분을 그에게 맡겼다. 외국인 교수들이 절대다수인 상황에서 오긍선이 탁월하게 업무를 볼 수 있었던 것은 의료선교사 시절에 미국 선교사들이 업무 처리하는 것을 자세히 살펴 익혔기 때문이다. 미국 선교사들 처지에서 볼 때, 의사 자격을 갖춘 현지인으로 의사소통은 물론 여러 면에서 유리했지만, 오긍선은 늘 그들

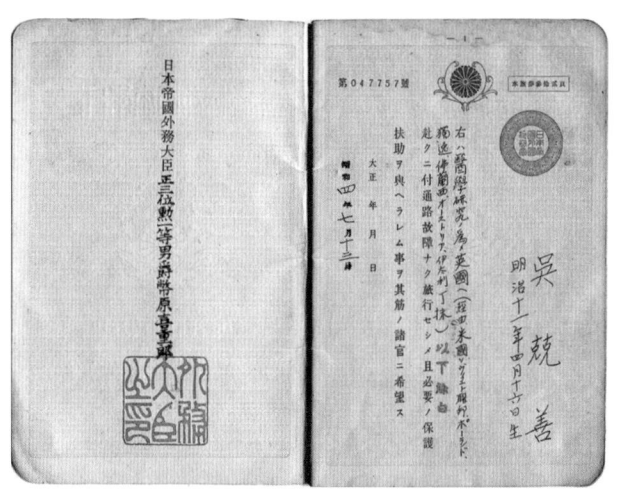

오긍선이 의료선진국 시찰 시 사용한 여권(1930)

에게 배우려는 자세로 임했다. 소신 있는 행정을 펼칠 수 있을 만큼 녹녹한 형편이 아니었으나, 학생들을 위한 일에는 소신을 굽히지 않았다. 학생들은 그러한 오긍선을 "수단 좋은 오 선생님", "고집 센 오 선생님"이라는 별명을 붙여 불렀다. 오긍선은 사람을 보는 안목이 매우 유별한 것으로도 정평이 났다. 가난한 고학생 이영준을 눈여겨보고 공부시킨 후 큰딸 성순과 1923년 12월 29일 새문안교회당에서 결혼식을 올리게 해 맏사위로 맞았다.

오긍선은 8년간 학감으로 재직하는 동안 교직원, 학생, 졸업생들의 선망과 존경을 받으면서 세브란스의전 육성에 심혈을 기울였다. 안식년을 맞은 오긍선에게 에비슨 교장은 의료선진국 시찰을 권했다. 하지만 오긍선은 사양했다. 연로하신 부모님에 대한 걱정과 넉넉치 않은 학교의 재정을 생각해서였다. 에비슨은 학교가 여비를 대어주지 못할 정도로 어렵지 않을뿐더러 1923년에 세브란스를 졸업하고 내과학 교실 강사로 근무하고 있는 장남 오한영이 집안일을 충분히 돌볼 수 있으니, 염려 말라고 했다.

이렇듯 유럽 시찰을 강력하게 권유한 데는 에비슨이 자신의 후계자로 오긍선을 생각하고 있었기 때문이었다. 오긍선은 유럽의 의료기술과 의학교 실태를 알아보고 싶어 했던 터라 더이상 사양하지 않고, 1929년 9월 미국으로 향했다.

미국행은 유학을 마치고 돌아온 지 22년 만의 일이다. 태평양을 건널 때 오긍선은 만감이 교차했다. 1903년 알렉산더를 따라 상투를 자르고 양복을 처음 입은 촌스러운 모습으로 배를 탔을 때만 하더라도 나라가 있었지만, 지금은 나라를 빼앗긴 신세가 되었으니, 미국 친구들을 만났을 때 무어라고 설명을 해야 할 것인가. 또한, 도미 유학을 주선해 준 은인인 알렉산더가 몇 년 전에 유명을 달리했으니, 알렉산더의 가족에게 어떤 위로의 말을 전할지 깊은 생각에 잠겼다.

미국에 도착한 오긍선은 먼저 알렉산더의 집에 들렀다. 그리고 자신의 모교인 센트럴대학교와 루이빌대학을 둘러보았다. 루이빌대학에 들렀을 때는 그를 총애하며 피부과학 임상 실습을 각별하게 지도해준 헤이 교수가 고인이 되었다는 슬픈 소식을 들었다.

미국 남장로회 선교본부에 들러 그간의 사업과 선교 활동에 대한 경과를 보고하고, 존스홉킨스의과대학으로 갔다. 그곳에서 배새학낭 시설의 은사인 서새뷜을 만나기 위해서였다. 오랜만에 이

역만리에서 만나 국권침탈 이후의 국내외 정세와 애국지사들의 활동상, 각자가 겪어온 고충들을 나누었다. 오긍선은 자신이 의학 교육과 의료 봉사활동 이외에는 정치 활동이나 사회활동에 일절 나서지 않았다며, 1919년에 있었던 3·1 독립운동에도 적극 가담하지 않았다고 했다. 그리고 1915년 12월에 창립된 한성의사회의 활동에 관해 소상히 말했다.

한성의사회는 서울에서 개원한 한국인 의사 19명이 만든 단체(1915)로 시작해 전국 규모의 의학회를 조직해 학술대회를 개최하는 등 일제의 관변 의사계와 크게 나뉘는 활동을 하고 있었다. 이 단체는 의사들의 권익을 도모하기 위해 결성되었지만, 콜레라 무료 예방 접종 및 큰 재난으로 생긴 환자를 무료 진료하는 등 전국적으로 봉사활동을 펼쳤다. 특히, 한성의사회는 1927년 3월에 영흥에서 발생한 에메틴 사건을 해결하는데 결정적인 역할을 했다. 이 이야기는 두 사람 사이에 큰 화제가 되었다.

함경남도 경찰부 위생과는 1927년 3월 1일부터 19일간 폐디스토마 환자를 치료할 목적으로 영흥 지역 청장년 104명에게 에메틴Emetine이라는 항생제를 주사했다. 그런데 주사를 맞은 주민에게서 중독증상이 나타났고, 그중 6명이 사망했다. 조선총독부는 공식발표를 통해 에메틴을 주사한 환자 중 6명이 감기에 이은 급성폐렴으로 사망했다고 해명하고, 조기에 그 사건을 종결지으려고 했다.

사건의 진상을 밝히는 과정에 당시 한성의사회 소속 두 의사가 현지 조사에 참여해, 사망의 원인이 폐렴이 아니라 에메틴 중독에 의한 것이었음을 밝혀냈다. 두 의사는 에메틴 주사를 맞고 숨진 이들 모두에게서 중독증상이 현저하게 나타났다는 사실을 한성의사회에 보고하고, 또 사고대책강구회에도 조사 결과를 정식 통보했다. 조선총독부 위생과는 1927년 4월 2일 각 도에 에메틴 주사의 사용을 금지하라는 명령을 내렸다.

오긍선은 서재필과 작별한 후 대서양을 건너 유럽으로 갔다. 영국, 프랑스, 독일, 이탈리아 의학계를 시찰하고 1930년 2월 초순 오스트리아에 도착했다. 한국 의학자로는 처음으로 서구 여러 나라 의학계를 시찰한 오긍선은 오스트리아 빈대학에서 피부과학을 연구했다. 권위 있는 여러 학자들과 교류하고, 시베리아 횡단 열차 편으로 러시아를 거쳐 1930년 5월에 귀국했다. 오긍선이 귀국한다는 소식에 가족 친지는 물론 세브란스의전 가족, 경성보육원생 등 300여 명이 서울역에 나와 맞이했다. 오긍선은 여러 나라를 시찰한 소감을 물어보는 기자에게 다음과 같이 답했다.

어떻게 몇 마디로 말할 수 있겠습니까? 시설에 있어서는 외국의 국보인 왕관을 보고도 얼마 받고 팔겠느냐고 떠드는 돈 많은 미국이 제일 낫고 학술적으로 보아 내가 본 중에는 오스트리아가 제일 낫다고 생각합니다. 독일은 물론 오스트리아보다 더 일층 나을 것이로되 비엔나에서 아버지가 변찮으시다는(진환) 전보를 받고 부랴부랴 오느라고 무엇보다도 보아야할 독일을 못보고 온 것은 유감이나 아버지께서 쾌차하시다니 마음이 기쁩니다. 연구를 존중히하는 일면에는 환자를 너무도 연구재료로만 취급당히는 듯이 보이는 것은 현대 조선에서는 생

오긍선 박사 귀국 기사

각도 못할 일일까 합니다. 오는 길에 모스크바에서 며칠 체류하며 신흥 러시아를 보았으나 조선만도 못한 것 같았습니다.

_『매일신보』, 1930. 5. 16

오긍선은 9개월에 걸친 구미 의학계 시찰과 연구 여행을 통해 의학자로서의 권위를 높였을 뿐만 아니라, 생소했던 서유럽 의학계 소식을 한국의학계에 널리 알렸다.

한편, 오긍선이 서구를 시찰하고 돌아온 지 2년 후(1932. 5) 당시 경성의전 외과 교수이던 백인제白麟濟가 한국 의학자로서는 두 번째로 서구 의학계를 시찰하고 독일 베를린대학에서 외과학을 연구했다. 교장이 된 오긍선은 의료선진국 시찰의 유익함을 생각하며 학감인 윤일선에게 유럽에 다녀오라며 3천 원을 지원했다.

의사 수칙과 10계명

오긍선은 올바른 인격을 갖춘 의료 봉사자를 길러내는 것을 교육 방침으로 삼았다. 의학공부를 하는 목적이 국가와 사회, 그리고 사람을 섬기는 데 있음을 뜻한다. 개화 초기 남보다 일찍 서양 의학을 공부해 의학자로서 체험한 것을 통해 얻은 신념으로, 히포크라테스Hippocrates 정신에 부합되는 시금석과 같은 것이다. 오긍선은 "의료가 축재의 목적이 되어서는 아니 되며 개업의가 한 사람 늘면 그만큼 조선에 가난한 사람이 더 생긴다"라는 극단적인 표현을 쓸 정도로 '의료는 봉사'라는 생각이 철저했다.

오긍선은 1932년 10월 1일자 『삼천리』지에 발표한 '청년학도에게 주는 십계명十戒銘'에서 사회의 봉사자가 되라고 권면했다. 그는 "이제 의업에 종사할 허락을 받음에 나의 생애를 인류 봉사에 바칠 것을 엄숙히 서약하노라. 나의 은사에 대하여 존엄과 감사를 드리겠노라…"로 시작되는 히포크라테스 선서를 철저하게 신봉했다.

청년학도에게 주는 십계명

제1명: 나의 교육을 후원하는 부모의 은공을 더욱 감사히 생각하라.
제2명: 경험 적은 나로서 경험 많은 선배를 공경할 술을 알라.
제3명: 이상도 필요하나 실지 이행이 급한 것을 잊지 말라.
제4명: 풍부한 상식을 얻는 것이 서투른 전문 지식보다 나은 것을 기어하라.

제5명 : 조선 전래의 윤리, 도덕의 좋은 점을 다시 한번 음미하라.

제6명 : 뇌를 가지고 일하고 눈으로 일하지 말라.

제7명 : 내 양심에 부끄럽지 아니한 일을 할 때 남의 빈정거림을 무서워하지 말라.

제8명 : 사회의 지도자 되기를 원하지 말고 사회의 봉사자 되기에 힘쓰라.

제9명 : 자기가 맡은 직무에 책임감을 가지고 성심성의로 하라.

제10명 : 사업을 하다가 속히 성공하지 못한다고 낙심하지 말라.

이상의 열 가지 계명 중 사회에의 봉사, 부모 은공에 대한 감사, 선배 동료들에 대한 공경, 자기 직무에의 충실 등의 조항은 히포크라테스 선서와 유사하다. 이와 같은 오긍선의 교육 방침은 의료관에 반영되었으며, '의술은 인술이다'라는 사회 통념에도 잘 부합된다.

1937년 1월 2일 자의 『조광朝光』지 신년호에 「청년 의사에게」라는 글 역시 오긍선의 의료관을 잘 보여준다.

하나, 부자의 황금보다 빈자의 두 눈에 혹 눈물이 있을 것을 더 중히 여겨라.

둘, 의사가 병자에게 대한 것은 수단이어서는 안 된다. 막연히 시험 삼아 하지 말고 매우 조심함으로 세밀하게 진찰하라.

셋, 항상 학술을 연구하고 병자의 신용을 받도록 유행을 따르지 말고 근거없는 말을 하지 말며 허망한 명예를 구하지 말라.

환자를 진료하는 오긍선(왼쪽에서 네 번째, 1932)

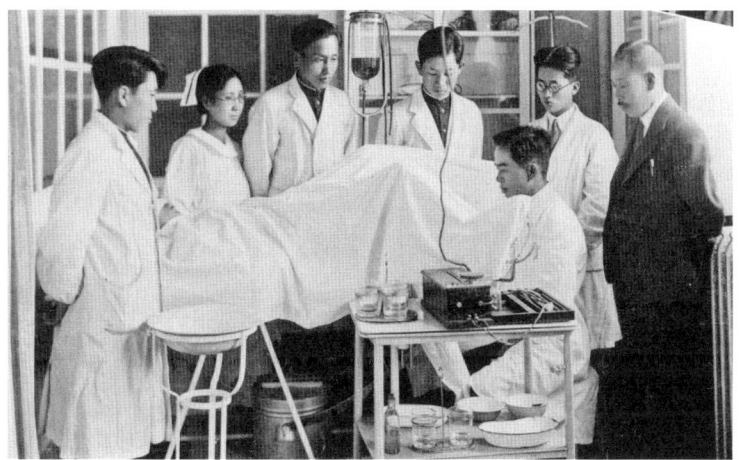
비뇨기과 진료(오른쪽 첫 번째, 1933)

넷, 매일 주간에 진료한 것을 야간에 다시 상세하게 생각할 것. 그리고 이것을 집성하여 서책을 작성할 것.

다섯, 불치의 병자라도 환고를 원행하게 하며 생명을 보존하게 할 것은 의사의 할 일이다. 이를 방기하고 불원함은 인도에 배반된다.

여섯, 병자의 비용이 적도록 하고 설혹 명을 구하여도 그 생활을 탈취한다면 쓸데없으니 빈민의 사정을 자세히 살펴보라.

의료관과 의사로서의 자세는 환자를 진료하는 모습에서 그대로 나타난다. 오긍선은 가난한 환자들을 돌보고 치료하는 것에 우선했으며, 치료비가 없는 환자는 무료로 진료해 주거나 환자가 가지고 있는 돈만 받는 등 의료 봉사의 시범을 보였다.

오긍선은 일생 한 번도 개업하지 않았으며, 자손들에게도 개업을 하지 말라는 유훈을 남겼다. 교장에서 물러나기 1년 전인 1941년 3월, 『동광東光』지에 "돈 버는 의사보다 병 고치는 의사가 돼라"라는 글을 실어 의전 졸업생과 재학생들에게 제언하기도 했다.

졸업생 일반에게보다도 나는 특히 내가 늘 관심을 갖고 있는 의학생에게 한마디 하고 싶습니다. 세상에서는 흔히들 의사는 돈을 많이 번다고 합니다. (…) 그러나 의학을 공부한 사람으로서, 또는 의사가 된 사람으로서, 그 제1의 목적을 다만 돈을 버는 데 둔다는 것은 큰 잘못입니다. (…) 돈 버는 의사가 되지 말고 병 고치는 의사가 되어달라는 것입니다.

다음은 학교를 나가서 곧 개업할 생각을 먹지 말라는 것입니다. (…)

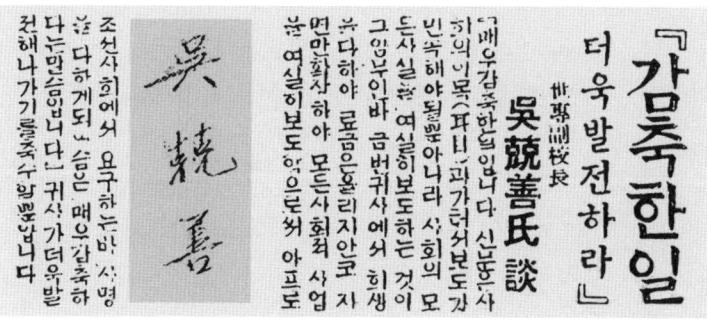

오긍선의 영문 서명(위, 1931)과 한자 서명(아래, 1933)

학교에서의 공부란 더구나 의학교에서의 공부란 다만 장래 할 직책에의 지침에 지나지 않는 것입니다. (…) 그러니까 내가 여기서 하고 싶은 말은 학교를 나가서 적어도 2년이나 3년 동안은 큰 병원이나 고명한 선배 밑에서 실습을 하라는 것입니다.

그리고 끝으로 한마디 더하고 싶은 것은 '도시 중심으로 모이지 말고 지방으로 시골로 가라!'는 것입니다. (…) 생활이 어렵고 질병에 눈이 어두운 농산어촌의 그들을 위하여 의학도들은 마땅히 시골로 돌아가야만 될 것입니다. (…) 그리고 비단 그러한 농산어촌뿐만 아니라 만주로도 가고 북지방면北支方面으로도 발전해 나가라는 것입니다. 아직 그곳은 의료기관의 시설이 불충분합니다. 의학교를 졸업하는 의료계의 젊은 용사들은 이러한 곳으로도 진출하여서 맡은 바 직책을 다해야 할 것입니다.

무의촌 등 의료 소외 지역 해소를 위한 의료대책을 제시한 것으로 다른 어떤 글보다 오긍선의 의료관을 가장 구체적으로 느낄 수 있는 글이다. '의술은 인술'이라는 전해 오는 상식을 되풀이하며, 후진들에게 의료 봉사의 기본 이념과 정신을 교훈하고자 했다.

'연세'의 초석을 놓다

나는 세브란스의전이 훌륭한 인재를 양성하는 곳이 되어야 함을 깨달았다.
그리고 그러한 모든 기회를 오긍선에게 주기로 마음먹었다.
O. R. 에비슨, 1932

오긍선을 후계자로 지명한 에비슨

에비슨은 1893년 7월 16일 부산에 도착했다. 베어드William M. Baird(한국이름 배위량)의 집에 머물러 있다가, 같은 해 8월 말에 서울로 향했다. 에비슨은 알렌이 설립한 제중원에 부임해 의료사업을 전개하는 한편, 고종의 시의侍醫로 왕실의 진료를 담당했다.

1895년 여름, 콜레라가 만연하자 에비슨은 정부로부터 방역 책임자로 위촉되어 수많은 인명을 구했다. 그 후 왕립병원 형태로 운영되던 제중원을 미국 북장로회 선교부에서 인수·운영하도록 주선했으며, 중단되었던 의학교육을 다시 시작했다. 1904년에는 숭례문 밖 도동에 현대식 병원을 신축해 세브란스병원으로 개칭하고, 제중원의학교의 명칭도 세브란스병원의학교로 바꾸어 오늘날의 연세대학교 의과대학의 기초를 닦았다.

한편, 조선 정부는 1906년 4월, 의료사업에 끼친 에비슨의 공로를 인정하여 4등 태극 훈장을, 1907년에는 의료사업 기념장을 수여했다. 일찍이 에비슨은 일본 관헌들이 사주한 민비 시해 사건, 곧 을미참변 후 언더우드를 비롯한 다른 미국 선교사와 함께 왕실을 보호하는 등 외교관으로 전직한 알렌과 함께 한국의 국권을 보호하는 데 일익을 담당했다.

에비슨은 제중원의학교를 재건한 후 1934년 오긍선에게 교장직을 물려줄 때까지 43년 동안 세브란스의전을 키웠다. 그리고 언더우드가 사망한 1916년 말부터 18년 동안 연희전문학교 교장직을 겸했다. 특히, 에비슨은 한국 의학의 초석과 발전을 위해 전 생애를 바친 개화와 의학교육의 산증인이며 은인이다. 연합의 정신을 앞세워 한국에 있는 각 교파 선교사들이 세브란스 운영에 참여하도록 탁월한 지도력과 선견지명을 발휘했다.

일제의 군국주의가 아시아의 패권을 넘어서기 위해 극성을 부리기 전까지만 해도 세브란스의전 내에는 사회적 경륜이 많고 유능한 미국인 교수들이 여러 명 있었다. 하지만 에비슨은 오긍선을 보직교수로 임명해 학교운영에 깊이 참여하도록 했으며, 은퇴할 때에는 동료 선교사들의 반발에도 불구하고 오긍선을 자신의 후계자로 지명했다. 오긍선을 교장에 인준하는 과정에서 이사회의 만장일치 결의가 있었다고 하지만 그것은 기독교 선교 기관 운영의 기본 원칙이었기 때문이며, 실제로는 미국 선교사들의 상당한 반발이 있었다. 1917년부터 부교장을 역임한 반버스커크와

에비슨의 세브란스 교장 집무실(1917)

축구선수와 함께한 오긍선 교장(뒷줄 중간, 1938)

병원장 더글라스 에비슨Douglas B. Avison(소아과 교수, 한국이름 어비돈, 에비슨 교장 아들) 그리고 앤더슨 등 노장 교수들의 반발이 심했다. 더글라스 에비슨은 부교장직을 수용했으나, 오긍선을 부교장에 발탁할 때부터 반발했던 반버스커크는 교장 인선에 불만을 삭이지 못하고 본국으로 돌아갔다. 그럼에도 불구하고 에비슨은 교파를 초월한 인사 원칙과 한국인의 교육은 한국인에게 맡겨야 한다는 평소의 소신과 양심을 따랐다.

오긍선은 1934년 4월 17일 배재학교 대강당에서 세브란스의전 제2대 교장으로 취임했다.

교장에 취임한 오긍선은 교육 및 연구 면에 비약적인 발전을 가져왔다. 한국인 교수 양성에 진력하여, 한국인 교수를 각 교실의 주임에 임명하는 한편, 기초학 교실의 교수 이하 인원보강, 연구시설의 장려 확충 및 도서실을 완비함으로써 세브란스의전을 교육과 연구 중심의 의학교로 전환했다.

세브란스의전은 조선총독부의 집요한 훼방에 이어 태평양전쟁을 앞두고 미국인 교수 전원이 강제추방 당하는 상황에서도 흔들림 없이 정상 운영되었으며, 연전과의 연합을 이루어 "연세종합대학"을 설립하는 기반을 차근차근 다졌다.

오긍선이 교장에 취임하던 1934년도 당시 세브란스의전의 교수진을 보면 다음과 같다.

명예교장: Oliver R. 에비슨

교장: 오긍선

부교장: Douglas B. 에비슨

외국인 교수: 마틴Stanley H. Martin(한국이름 민산해, 내과학교실), 파운드Norman Found(내과학교실), 러들로Alfred I. Ludlow(외과학교실), D. B. 에비슨(소아과학교실), 앤더슨Earl W. Anderson(한국이름 안열, 안과·이비인후과학교실), 허스트Jesse W. Hirst(산부인과학교실), 맥라렌Charles I. McLaren(정신병리학), 부츠John L. Boots(한국이름 부소, 치과)

한국인 교수: 이석신(화학교실·의화학교실), 최명학(해부학교실), 윤일선(병리학교실), 최 동(병리학교실), 오한영(내과학교실), 심호섭(내과학교실), 고명우, 이용설(이상 외과학교실), 구영숙(소아과학교실), 오긍선, 이영준(이상 피부비뇨기과학교실), 윤치왕(산부인과학교실)

한국인 조교수 및 강사: 정일천(해부학), 김명선(생리학교실), 최재유(안과·이비인후과학교실), 조용만(영어), 김동익(내과학교실), 이중철(정신병리학교실)

일본인 강사: 사메지마鮫島盛隆(수신修身), 무라야마村山智順(일어), 사토佐藤薫文助(체육), 아마기시天岸敏介(미생물학교실), 오사와大澤勝(약리학교실), 나카무라中村敬三(위생학교실), 무토武藤忠次(법의학교실), 시바야마柴山義雄(내과학교실), 히로다廣田寬治(안과·이비인후과학교실), 이노우에井上繁(산부인과학교실), 핫도리服部六部(정신병리학교실)

가과 조수: 이학송(의화학교실), 이영춘(병리학교실), 최영태(미생물학교실), 전영을(약리학교실), 윤형노(내과학교실), 강영길, 유피득(이상 외과학교실), 조동수(소아과학교실), 윤중호(피부비뇨기과학교실), 김준호, 조성행(이상 안과·이비인후과학교실), 김재흥, 조동협(이상 산부인과학교실), 이중철, 김중렬(이상 정신병리학교실), 이유경(치과학

오긍선 교장의 집무 모습(1936)

교실), 정일사(방사선과학교실)

오긍선이 교장에 취임한 후 한국인 교수의 진출이 현저하게 증가하긴 했으나, 미국인 교수들이 차지한 비중이 여전히 컸으며, 일본인 강사도 10여 명이나 출강하고 있었다.

오긍선은 학칙 일부를 개정해 3학기제를 2학기제로 변경했으며, 1934년 이후 졸업생에게 학사 칭호를 부여하도록 했다. 교수진을 우리나라 교수들로 편성하는 데 심혈을 기울였다. 또한, 세브란스의전의 연구 분위기 조성과 시설 확장을 위해 교직원, 동창, 사회 유지들로 구성된 후원회를 결성하고, 후원회에서 모금한 기금으로 기초학 연구실을 새로 지었다. 1935년에는 약리학교실을 독립시키고, 학생 정원을 200명(각 학년 50명)으로 증원하는 등 취임 초기부터 두드러진 활약을 보였다.

오긍선은 부교장 시절에 세브란스의전이 문부성 지정학교가 되는 데 공을 들였다. 그 결과 1934년 4월 10일 이후 세브란스의전 출신으로 의사면허를 가진 이들은 일본, 대만, 만주 등에서도 활동할 수 있게 되었다. 그전까지 세브란스 졸업생들은 관립의전 졸업생들과는 달리 우리나라에서만 통용되는 의사면허를 받았다. 따라서 문부성 지정은 일대 경사였다. 이때 일본 문부성에서 내려진 지정학교 공식문서를 보면 다음과 같다.

조선 세브란스의학전문학교는 11일부로 아래와 같이 지정된다.
문부성 고시 제52호 의사법 제1조에 의하여 1934년 4월 10일 아래의 학교를 지정함.
1934년 4월 11일
문부대신 자작 사이토 마코토
세브란스의학전문학교
단, 1934년 이후의 본과 졸업생에 한하여 유효함.

이 문서에서 인용한 의사법 제1조는 일본 대학령大學令에 따라 대학에서 의학을 수료하고 학사를 취득한 사람이나, 관립 또는 문부대신이 지정하는 사립 의학전문학교 의학과를 졸업한 자로서 내무대신의 면허를 받아야만 일본 영토 내에서 의사로 활동할 수 있게 규정한 조항을 말한다. 그러므로 세브란스의전이 문부성 지정학교가 되었다는 것은 세브란스의전 졸업생들이 일본의 지배를 받는 전 지역에서 통용되는 의사면허를 받게 된다는 것이다.

초기에는 그냥 주지 않고 내무성에서 시행하는 시험을 치른 후에 발급해 주었다. 그러던 중 해마다 우수한 성적을 내자 1941년 이후에는 시험을 폐지하고 졸업과 동시에 면허를 부여했다.

당시 지정학교 문제를 해결하기 위해 오긍선과 함께 일본 문부성을 찾아가 교섭에 임했던 윤일선 박사는 다음과 같이 회고했다.

> 1934년대 봄에 오 교장과 나는 동경에 가서 일본문부성을 방문하고 또 문부성 의학 관계 시학위원視學委員을 방문하여 교섭한 끝에 문부성 지정을 얻는 데 성공했다. 이후부터(1935년 졸업생인 윤유선 군 반부터) 다른 관립 의학전문학교나 경성제국대학 의학부 졸업생과 같이 일본 내무성 의사면허증을 처음 얻게 되었으며 오긍선 선생의 노력의 덕이라고 생각된다.

이와 같은 오긍선의 노력은 세브란스의전을 국내에서뿐만 아니라 동남아시아 전역에서 공인하는 명문 사학으로 육성시키고 위상을 높이는 계기를 만들었다. 오긍선의 교장 재임 중 공적을 『연세대학교사』(1985)는 다음과 같이 밝히고 있다.

> 교장에 취임한 오긍선은 한국인 초대 교장이라는 의의뿐 아니라 1942년 사임할 때까지 만 8년 재임 기간 중 비로소 세브란스를 임상

뿐 아니라 교육 및 연구 면에서도 비약적 발전을 가져왔다. 즉 교장취임 이전부터 학감 및 부교장 등으로 일본 문부성 지정 등에 간접적으로 그 공이 컸음은 물론 취임 후에는 한국인 유자격 교수 양성에 전력하여 미구에 각 주임교수의 한국인 취임, 기초학 교실의 교수 이하 인원보강, 연구시설의 奬勸(장권) 확충, 도서실의 완비 등 종래 병원 중심의 인상이 깊던 세브란스를 의학교육 및 연구를 위주로 하는 의학교 본래의 사명과 책임을 비로소 완수케 했다.

의학의 대중화와 새로운 의학 지식의 전파

화류병 계몽과 공창 폐지 운동

매춘 행위를 종교의식에 끌어 붙여 성매매의 역사가 곧 인류의 역사라고 보는 사람들이 있다. 구약 성서 첫 번째 책인 창세기에는 창녀의 거리를 연상케 하는 장면이 나오는데, 이 역시 성매매가 상업성을 띤 인간의 행위임을 말해준다. 그런데 인류는 진보하면서 그 행위에 대해 인간의 존엄함과 개인의 성性적 자기 결정권 그리고 사회적 관점으로 보는 등 다양한 주장을 펴고 있다. 한국 최초의 피부과 의사인 오긍선은 시대에 만연한 화류병花柳病(성병)을 심각하게 바라보며, 공창제도를 사회 내 성병이 발생하고 급증시키는 가장 큰 요인으로 꼽았다.

공창제도는 개항의 산물로 일제에 의해 만들어졌다. 개항으로 일본인들이 국내 개항장으로 들어올 때, 일본인 성매매업자들이

들어와 성매매시장을 형성했다. 성매매 행위가 공인된 장소인 유곽遊廓은 1902년 부산에 처음 등장한 데 이어, 1904년 서울 일본인 집단 거주지역 외곽(현재 묵정동)에 대규모 유곽이 건설되는 등 전국 주요 도시마다 생겨났다. 이처럼 일종의 공창 지대가 확산하는 데는 통감 이토와 일진회 송병준 때문이었다.

개항 초기의 유곽과 성매매업은 일본인에 국한된 것이었으나, 청일전쟁 이후부터는 개항장 밖으로 확대되는 등 상황이 크게 달라졌다. 무엇보다 유곽은 공인된 성 공급자인 공창의 출현을 의미하는 것이었다. 그런데 일제 통감부가 창기와 기생을 단속하는 법령을 제정한 데 이어 〈경찰범처벌규칙〉(1912)을 발동해 사창 단속에 나섰다. 이는 성의 공급과 수요가 확대되었다는 것을 뜻한다. 조선총독부는 국내에 공창제를 구체화하면서 일본의 법과는 달리 창기의 하한 나이를 한 살 더 낮추고, 성매매 행위 장소를 유곽 이외의 지역에서도 가능하도록 허용했다. 나라 안에 성매매가 만연했다. 그 결과 1920년 이후부터 한국인 성매매 종사자가 일본인 성매매 종사자 수를 능가했다.

오긍선은 공창제도를 식민지의 산물로 인식하고, 폐지하는 운동을 전개했다. 사실 공창제도는 일제가 식민체제를 유지하려는 방안으로 시행한 것이다. 그러므로 이를 폐지하자는 주장은, 의사가 양심에 따라 도덕적·의학적 차원에서 제기한 사회문제이기도 하지만, 식민지 지배와 그 질서를 부정할 때 가능한 것이었다.

그런데 공창 폐지 운동은 초기 선교사들로부터 영향을 많이 받았다. 청교도적 신앙을 소유한 초기의 미국 선교사들은 여성이 안방이라는 곳에 따로 기거하며 식사도 남편과는 달리 부엌 한쪽이나 바닥에서 따로 하는 모습을 보고 이상하게 여겼다. 또한, 여성에게는 교육의 기회가 거의 주어지지 않는 데다 중매와 조혼, 결혼 후 개가를 금하는 등의 남성 위주 사회 분위기에 놀라움을 금치 못했다. 이러한 사회 풍조를 『독립신문』은 다음과 같이 일갈했다.

> 세상에 불쌍한 인생은 조선 여자들이니, 우리가 오늘날 이 불쌍한 여자들을 위하여 조선 사람에게 말합니다. 여자가 남자보다 조금도 낮은 인생이 아닌데, 남자들이 괴로움과 고통을 가하는 것은 다름이 아니라, 남자들이 문명개화가 못되어 이치와 인정은 생각하지 않고 다만 자기의 힘만 믿고 압제하려는 것이므로 어찌 야만하지 않다고 말할 수 있겠는가. 사람이 야만과 다른 것은 정의와 예법과 의리를 알아서 몸가짐과 행동을 하기 때문인데, 조선의 남자들은 여자를 대접할 때 정도, 의도, 예도 없고 게다가 참으로 사랑하는 마음까지 없는 데다, 여자를 남자보다 천한 사람이라고 여기는 무례한 풍속과 억지와 위엄으로 행하는 일이 많이 있으니, 이런 여자를 대하여 어찌 불쌍하고 분한 마음이 없겠는가.   _ 『독립신문』, 1896. 4. 21

이에 선교사들은 한국 신자들에게 술과 담배, 도박과 축첩 등을 금하게 하는 한편, 여성의 사회적 지위를 끌어올리기 위해 결혼할 수 있는 나이를 높이고, 어머니로서의 여성상을 제시했다. 여성을 존귀한 대상으로 여기며, "남녀를 같은 학문으로써 교육하며 동등권을 주는 것"에 관한 토론회를 개최하고, 나아가 남녀로 구분했던 예배석을 없애는 등 다양한 노력을 기울였다. 이러한 가르침과 환경의 변화 과정을 통해 신자들은 일제가 정략적으로 술, 담배, 아편을 대량으로 들여오고, 대도시마다 유곽을 설치하고 공창제도를 통하여 퇴폐문화를 조장할 때, 이를 반대하는 사회운동에 동참했다.

공창 폐지 운동은 1923년 말부터 교파를 초월해 진행한 연합활동이었다. 외국인 선교사, 조선인, 일본인까지 합세해 공창 폐지 운동을 도모했다. 1923년 12월 11일 경성 일본인 기독교청년회에서 감리교 공창 폐지위원 4명을 포함한 30여 명의 목사와 외국인, 일본인 대표자들이 모여 각각 공창 폐지를 목적으로 하는 단체를 조직했다. 이때 오긍선은 한국인 측 대표로 선출되었다. 그리고 1923년 12월 15일, 오긍선을 비롯해 정신여학교 김필례, 중앙청년회 홍병선, 중앙예배당 김창준 등 30여 명이 모여 공창 폐지 운동을 위한 발기인 총회를 했다.

조직이 만들어진 후 오긍선은 "공사창과 화류병", "공창 폐지의 이유", "폐창운동과 그 이유" 등과 같은 주제로 공창제 폐지를 위한 강연회에 주력했다. 공창제도를 "비인도, 부도덕, 불합리, 불기율不紀律"이라고 규정하고, 공창제도가 시행된 것은 8~9년에 불과하지만, 공창이 3,548곳(1923년 말 기준)이나 된다고 했다. 도쿄에 비해서는 적은 것이지만, 그 뿌리가 견고하고 그 폐해가 크기 때문에, 만연되기 전에 막아내자는 운동을 전개한 것이다. 강연회와 잡지 등을 통해 오긍선은 세 가지 이유를 밝히며 공창제의

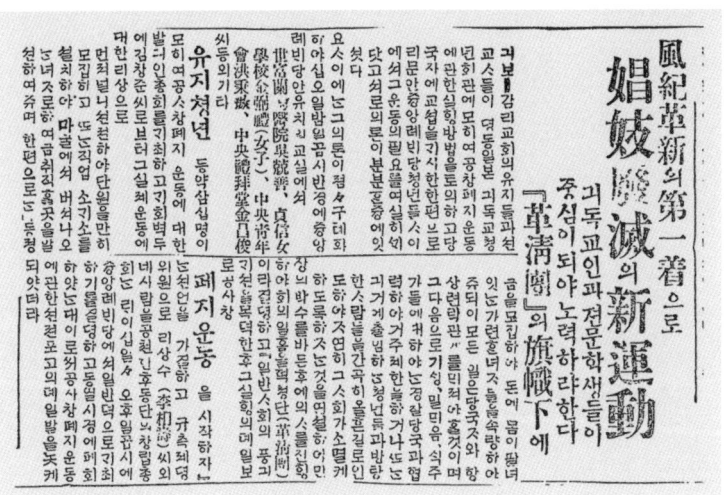

폐창운동 관련 기사

폐지를 선도했다.

① **도덕상**: 정조는 매매할 수 없는 것인데, 공창은 정조를 매매하는 곳이며, 방탕을 가르치는 곳이다. 이것이 생긴 후로 청년의 타락, 이혼, 정사情死, 사생아 등과 같은 것이 생겨났으니, 도덕적으로 합당하지 않는 유곽 제도를 폐지해야 한다.

② **인도상**: 세급다피, 인류 평등을 주장하는 시대에 인신매매를 묵인할 수 없다. 창기娼妓들은 최소 50원, 혹은 4~5백 원에 유곽으로 팔려와 노예 생활을 하고 있다. 이들의 형편은 철창 속에 갇힌 수금囚擒과 같다. 인류가 인류 된 가치인 상애相愛, 상부相扶하여 인류애의 본능을 발휘해야 한다.

③ **위생상**: 화류병은 매독, 임질, 연성하감軟性下疳 등인데, 화류병은 국민을 멸망시키는 전염병으로 매년 증가하고 있다. 지난 3년간 (1920~1922) 세브란스의전 피부과 통계에 의하면, 각 연도별 매독 환자는 495명, 573명, 580명이며, 임질 환자는 493명, 510명, 531명으로 증가하고 있다. 화류병은 치료도 오래 걸리고, 또 치료하지 않으면 인체의 기형, 반신불수, 간질癎疾, 폐맹廢盲(소경), 생산불능 등의 악영향이 있다. 일본의 통계에서도 공창이 없는 곳에 화류병이 적은 것으로 나온다. _『매일신보』, 1924. 6. 1

오긍선은 "공창제도를 폐지토록 하여 남녀 정결의 덕조德操(곧은 절개)를 장려하며, 풍기를 확청廓淸(깨끗케)하여, 조선으로 도덕의 모범국을 만듭시다"라고 강조했다.

그리고 오긍선은 화류병 증가의 주요 원인을 '풍기 문란'에 있다며, 계몽의 필요성을 제기했다. 1920년 『동아일보』와의 인터뷰에서 다음과 같이 밝혔다.

특별히 화류병(성병)에 대하여는 일면으로 사회 풍기와 직접 관계를 가진 것인 까닭에 환자가 증가하는 이면에는 사회의 풍기가 그 비례로 문란하여 갈 것이다. 요사이는 이런 것도 사회의 진보한 덕이라 할는지 전에 없던 유곽遊廓이라는 것과 공연히 펼쳐 놓고 화류병을 소개하는 매음부들도 많이 생겼으므로 해마다 이러한 도덕상 용납지 못할 악독한 병이 많이 생기는데, (…) 화류병 환자가 해마다 늘어나는 것은 참 유감스러운 것이다. _『동아일보』, 1920. 6. 7

1926년 말에는 '공창폐지기성회'를 조직해 한국인 1만 명, 외국인 2천 명 등으로부터 공창 폐지를 청원하는 서명을 받아, 1927년 5월 11일 우가키 임시 총독에게 전달했다. 이와는 별도로 '위생강연회'를 열어 계몽과 예방 활동을 지속했다. 성병 예방에 대한 계몽은 당시 피부비뇨기과에서 행하던 사회봉사의 주된 업무가 되었다.

동창의학회와 동창의학 강습회

세브란스의전은 1913년 4월, 제3회 졸업식 이후 매년 졸업생을 배출했다. 매년 졸업생이 나오면서 동창회가 조직되었고, 졸업생이 많아지면서 학술 교류 및 에비슨 동상 건립과 같은 현안을 중심으로 단합 활동이 활발하게 이루어졌다.

1926년부터 매년 동창이 중심이 된 동창의학회가 개최되었다. 이 모임에서 모교 교수들은 최신 의학 정보를 소개했으며, 동창들은 일선에서 경험한 임상 사례나 연구 결과를 발표했다. 그런데 지방에서 개업하고 있는 동창들이 이론보다는 실제 환자를 치료하는 데 도움이 되는 강습회를 열어달라고 동창회에 요청했다. 동창회는 모교와 상의해 1936년 2월, 제1회 의학강습회를 개최했다.

한편, 오긍선은 동창의학회에 세 차례 나가 아래와 같은 주제로 강연을 했다.

- 피부비뇨과 영여이 실제적 요법 여러 종種과 그 데몬스트레이션 (1926. 3. 24)

동창의학강습회(첫 줄 중앙 오긍선, 1936)

- 런던 및 비엔나 대학 피부과에 관하여(1931. 3. 5)
- 피부과 면역에 관하여(1935. 3. 14)

일찍이 오긍선은 일본에서의 연구와 경험을 일곱 가지로 정리해 신문 지상에 소개한 바 있다. 그리고 의학의 대중화와 더불어 새로운 기계와 치료약의 도입, 한약 재료를 활용한 신약의 개발을 모색했다.

통속의학강연회

서양 근대의학이 들어옴으로써 이전의 질병관, 위생관에 새로운 변화와 발전이 일어났다. 세브란스병원을 비롯한 경성의전 등은 새로운 의학지식을 일반 민중에게 지속적으로 알림으로써 민중의 생활을 개선하고자 했다. 당시에는 '통속通俗 의학 강연'이라는 이름으로, 많은 경우 언론사와 협력해 실시함으로써 상당한 효과를 가져왔다.

오긍선은 화류병을 비롯해 각종 전염병에 관한 상식을 알리는 강연회를 수시로 시행했다. 특히, 정체를 알 수 없는 낯선 질병이라는 뜻으로 괴질이라고 불리다가 후에는 호랑이가 살점을 찢어 내는 것과 똑같은 고통을 준다고 하여 '호열자'라고 불린 콜레라의 예방법을 비롯해 발진열, 여름철이나 장마 후의 위생 관리, 전염병 예방, 육아 위생 등을 강연했다. 일반적인 전염병과 더불어 여름철의 피부질환 관리 요령, 곧 "여름에는 피부가 늘어나서 기공氣孔이 뚫리어 땀이 많이 나고 땀에 먼지가 앉아 해가 되는네 곰

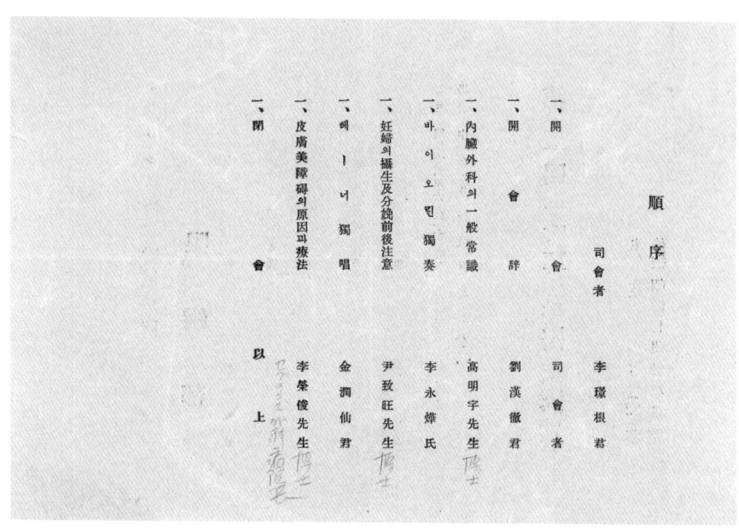

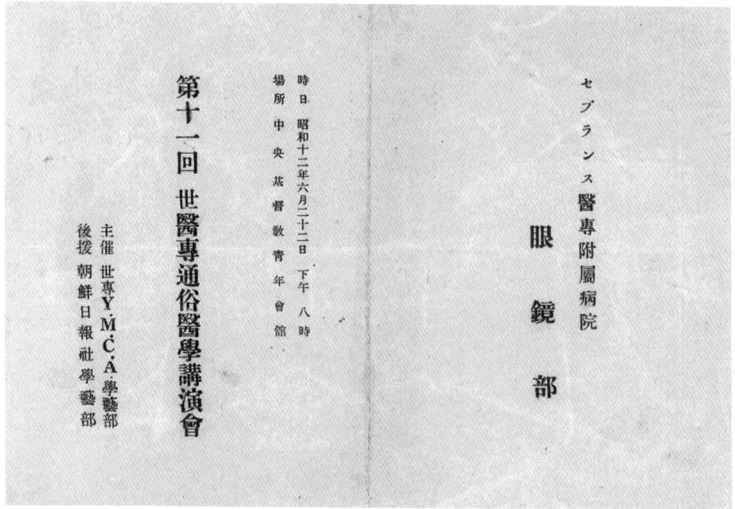

통속의학강연회 리플릿(1937)

을 깨끗하게 할 것"을 권했다. 1925년에는 순회 진료단을 조직해 이재민을 위한 사회봉사 활동을 전개했다.

세브란스의전은 의학의 대중화와 '과학을 가로街路로'를 목표로 1930년에서 1937년에 이르기까지 모두 11회에 걸쳐 강연회를 실시했다. 이 행사는 기독학생회가 세브란스의전을 대표하는 교수들로 강사를 구성해 '현대인은 누구나 알 필요가 있고, 또 알고 싶어 할 문제들'을 다뤘다. 강연회 중간에는 바이올린 연주, 독창, 중창 등의 음악까지 어우러져 강연장은 언제나 성황을 이루었다. 세브란스의전의 학생기독교청년회는 방학이 되면 지방을 찾아가 강연회를 진행했다. 한편, 의학 계몽을 위한 강연회는 세브란스의전 동창회에서도 수시로 실시했다.

통속의학의 강연 내용은 일부 신문에 소개되기도 했는데, 아래는 피부과의 이영준李榮俊이 강연한 내용을 보도한 것이다.

① **치료의학으로 본 민간비법**迷信**에 관하여**

발병 원인, 치료, 예방 등에 여전히 미신 현상이 남아 있어서 많은 폐해가 생긴다. 가령, 무당 판수를 부르는 것, 한센씨 병에 사람 고기가 좋다는 것, 미친 사람을 복숭아 채로 때리면서 경을 읽는 것 등은 병의 치료에 방해가 될 뿐 아니라 사회적, 경제적으로도 많은 손실을 가져올 뿐이다.

② **불로장생론과 갱소년법에 관하여**

㉠유럽 학자들이 논한 유산균 섭취로서 장내 세균 박멸주의 ㉡미국 학자들의 저작咀嚼(음식물 씹을 때)주의, 소식주의, 채식주의, ㉢일

반 섭생 위생법, 즉 광선욕, 신선한 공기, 적당 운동, 일정한 취침 시간, 심기안정법 등의 보조방법, ㉣브루너 박사의 생식선 이식법 찬성, ㉤슈타이너 씨의 수정란 결찰법, 프랭켈 씨의 부인에게 대한 X-선 난소조사법, 로란 씨의 인공태양광선 조사법 등을 추천하여 권장함.

이영준은 당시 일반인들이 막 관심을 가지기 시작한 '화장'에 관한 글을 세 차례에 걸쳐 신문에 기고했다. 그는 「화장을 잘하는 법」이라는 제목으로 "인형과 같은 美(미)를 나타낸다고 그것이 참된 미라고는 말할 수 없다"라고 하고, "건강이 아름다움美"이라는 말을 강조하며, "개성미를 발휘하는 것이 화장의 참된 사명이자 미용법"이라고 했다. 또한, 피부과학에 따라 피부의 건강을 도모하는 화장법, 세안법, 비누 쓰는 법, 마사지하는 법 등을 설명하고, 납 중독이 되지 않도록 주의하라고 당부했다.

세브란스의전의 발전과 종합대학의 꿈

세브란스의전의 정착과 대학 지향

'고등교육'에 대한 신념을 가졌던 오긍선은 세브란스의전의 기틀을 다지는 일에 열성을 다했다. 오긍선은 줄곧 에비슨을 보좌하며 세브란스의전의 학감, 부교장을 지냈으며, 1934년에는 에비슨을 이어 제2대 교장이 되었다. 그리고 언더우드의 유지를 이어

받은 에비슨의 과업, 곧 연희전문과 세브란스의전을 통합해 종합대학으로 만들려는 뜻을 이루기 위해 힘썼다.

에비슨은 제중원 운영권 이관을 성사시킨 이후부터 세브란스에 선교사를 파송한 교파가 힘을 합쳐 경쟁력을 갖춘 병원과 의학교로 만들기 위해 노력했다. 재한 선교협의회는 1905년부터 연합 운영의 필요성을 논의하기 시작해 1913년에 합의를 이루었다. 미국 북장로회, 미국 남장로회, 미국 북감리회, 미국 남감리회, 캐나다 장로회, 호주 장로회는 1913년부터 병원과 의학교 사업에 참여했다. 학교명도 세브란스연합의학교로 바뀌었다. 연합을 이룬 이후 대학 설립을 목표했으나, 조선총독부가 1915년 3월, 〈전문학교 규칙〉 및 〈개정사립학교 규칙〉을 공포함에 따라 원천적으로 그 길이 막혀 전문학교 인가(1917. 5. 14)에 그치고 말았다. 사립 세브란스연합의학전문학교는 조선총독부가 문화정치를 표방하며 1922년 2월에 공포한 〈제2차 조선교육령〉에 맞추어 다시 한번 교수와 시설을 완비하는 계기를 마련했으며, 교명을 세브란스의학전문학교로 변경했다.

학교의 발전을 방해하는 조선총독부에 맞서 에비슨은 1925년 말 대학 승격에 필요한 자금 모금을 위해 원한경과 함께 미국을 다녀왔다. 이때를 전후하여 구상되고 추진된 연희전문과 세브란스의전을 통합한 종합대학 승격 추진은 1929년에 이르러 한 교장 아래 두 명의 부교장을 두어, 각각 교육과 의학(세브란스)을 담당하게 한다는 구체적인 방안을 논의하는 진전을 이루었다.

한때 모금 문제로 종합대학으로의 승격 작업이 어려움을 겪기

존 T. 언더우드

도 했으나, 1933년 10월에 연희전문은 세브란스의전에 신축 기지를 대여할 것을 결정하고, 세브란스의전은 '에비슨합동관' 건립건을 승인함에 따라 양교 통합에 의한 종합대학은 연희전문학교가 있는 신촌에 설립한다는 공감대를 형성하는 진일보를 이루었다.

하지만 연희전문과 세브란스의전을 통합해 종합대학을 수립하는 것은 쉽지 않았다. 양교는 각각 강력한 후원자인 세브란스(1838~1913)와 존 T. 언더우드(1857~1937)를 잃었고, '경성제대' 하나면 충분하다는 조선총독부의 대학 정책에 속수무책이었다.

오긍선은 세브란스의전의 학감, 부교장을 역임하면서 누구보다도 에비슨의 종합대학 설립 의지를 잘 알고 있었다. 경성제국대학이 설립되면서 대학 설립 문제가 불거졌을 때, 기자와 1926년 6월 초에 가진 인터뷰에서 "나의 희망은 연희전문학교와 통합하여 종합대학을 했으면 하는 것이 이상이외다. 그리고 학교 이름에는 조선기독교 무엇이라고 했으면 하나, 우선은 적립금이 오십 만원인 바, 이것은 관계 당국자와 같이 협의하면 가능성이 있겠지요"라고 하여, 연합된 학교의 이름으로 '기독교'라는 용어를 넣어야 한다는 구상까지 밝혔다.

연세종합대학 건설 계획 기사

세브란스의전 교장이 된 후 기회가 닿을 때마다 종합대학 설립을 위해 노력했다. 오긍선은 1940년 2월에 "연세延世종합대학" 설립 계획을 발표하는 자리에서, 통합과 종합대학 계획에 관한 구체적인 일정을 묻는 기자에게 "연희·세브란스의전 합병 문제는 최근 설립자들의 큰 이상이었으나, 여러 가지 관계로 급속히 실현되리라고는 믿어지지 않습니다. 그러나 이상만은 좋으니 앞으로 전연 절망이라고도 단정키는 어렵습니다"라고 했다. 이 계획이 발표된 후 세브란스의전 이사회는 "이전 문제는 이전비移轉費가 3백만 원이라는 방대한 금액이므로 이것이 조달되는 대로 즉시 실행키로" 만장일치로 가결했다.

사실 세브란스의전과 병원 관련 기관을 신촌으로 옮기는 문제는 경영에 참여했던 사람들의 변함없는 꿈이었다. 세브란스의전은 발전 과정에서 공간 부족 문제를 겪었다. 경성부의 확장으로 학교 일부가 도심에 편입되면서 접근의 편리성이 확보되는 반면에 번잡한 도심에 전염병실과 정신병실을 두기 어려운 형편에 처했다. 게다가 일제는 1920년대 말, 세브란스를 가로지르는 도로 건설 계획안을 발표해 세브란스의 입지를 더욱 약화시켰다. 따라서 경영자들은 캠퍼스의 이전 및 연희전문학교와의 통합을 가장 유력한 방안으로 검토하게 되었다.

이러한 상황에서 오긍선은 1936년, 신촌 인근에 학자와 문인을 위한 '교수 아파트'와 민중의 건강을 보호하기 위한 결핵요양원을 지으려고 구상했다.

한국인 교수 영입

세브란스의전을 육성하려는 오긍선의 노력은 문부성 지정학교로 승격시킨 것에 그치지 않고, 자질 있는 한국인 교수들을 영입해 내실을 기하며 앞날을 도모했다는 점에서 높이 평가될 만하다. 학감과 부교장에 있을 때부터 자격 있는 한국인 교수 양성에 심혈을 기울였으며, 한국인 교수를 각 교실 주임 자리에 앉히기 위해 공을 들였다. 성과는 오긍선이 교장이 되었을 때부터 서서히 나타났다. 1940년 초 세브란스의전 교수진용을 보면 미국인 교수들은 1940년 11월, 일제의 추방령에 의해 거의 본국으로 돌아가고 5명만 남아 있었다.

마틴 Stanley H. Martin(내과)

러들로 Alfred I. Ludlow(외과 명예교수)

에비슨 D. B. Avison(소아과 주임)

앤더슨 Earl W. Anderson(안과·이비인후과 주임)

허스트 Jesse W. Hirst(산부인과 명예교수)

명단에서 알 수 있듯이, 남아 있는 미국인 등 외국인 교수들은 2개 임상과 주임교수를 맡았다. 이는 주임교수 자리를 거의 다 한국 교수들이 맡고 있다는 의미이다. 오긍선이 교장 취임 당시 11명이던 일본인 강사도 4명으로 대폭 줄었다. 반면에 유능한 교수 양성을 위한 조수(현재 조교) 인력을 대폭 증원했다. 그 결과 1934년 4월, 17명에 불과하던 조수가 1940년 초에는 40여 명이 되었다.

남아 있던 5명의 미국계 교수들도 조선총독부의 미국인 추방조치 때문에 전원 본국으로 돌아감에 따라 1940년 말부터는 우리나라 교수들이 학교와 병원을 석권했다. 오긍선과 에비슨이 자격을 갖춘 한국인 교수늘, 곧 윤일선, 윤치왕, 정일천, 이중철 등을 공들여 섭외한 결과이다.

오긍선은 1942년 8월 교장직을 물러난 이후 고아 보육사업에 전념했다. 하시민 몌에 교장직과 재단 이사직을 갖고 있었기 때문에 세브란스의전을 수호하는 방탄구 역할도 감당해야 했다. 당

세브란스연합의학전문학교 간판

시에 연희전문학교는 원한경 교장 후임으로 윤치호를 교장으로 추대했으나, 1942년 8월 학교가 조선총독부에 접수되고 이사회는 강제 해산되었다. 이후부터 다카하시高橋濱吉, 카라시마辛島驍, 콘도近藤英男 등 일본인들이 차례로 교장 자리를 차지했다. 그리고 연희전문학교는 1943년에 이르러 종래의 문과, 상과, 이과 교육 대신에 일제의 필요에 따라 공업 경영자를 양성하는 경성공업경영전문학교로 개편되었다. 이에 앞서 평양의 숭실전문학교는 신사참배를 이유로 1938년에 자진 폐교했다.

하지만 오긍선은 제자 이영준을 앞세워 세브란스의전을 지켰다. 오긍선은 학교 이름을 아사히旭의학전문학교로 바꾸고 일본인 학생의 입학을 허용하는 선에서 타협해 학교를 송두리째 빼앗기는 수모를 면했다. 또한, 조선총독부에 접수된 연희전문학교의 경우 일본인 교장이 부임하면서 유억겸, 백낙준, 최현배 등 대다수 교수가 교직에서 밀려났으나, 세브란스는 일본인 교수 몇 사람이 들어왔을 뿐 이영준 교장 이하 대부분 교수가 그대로 자리를 지켰다.

해방 직후 일본인 교수들이 퇴거하는 상황에서 세브란스의전

세브란스의전 기본계획도(사본)

일부 교수들이 관립의학교로 전출할 수 있었다. 관립의학교로 자리를 옮긴 교수들은 병리학의 윤일선, 약리학의 이세규, 내과 장경, 해부의 정일천 등으로, 경성대학 의학부와 경성의학전문학교로 각각 전출해 강의를 맡았으며, 외과 주임교수이던 고병간은 대구의학전문학교장으로 자리를 옮겼다. 세브란스의전 시절 학감을 맡아 오긍선을 도왔던 윤일선은 국립서울대학교가 발족하면서 자리를 옮겨 의과대학장과 대학원장, 총장 등을 역임했다. 산부인과의 윤치왕은 서울대학교 의과대학 병원장을 맡았으며, 흥업구락부 사건으로 세브란스의전을 그만두었던 심호섭은 해방 직후 모교인 경성의전과 서울대학교 의과대학에서 교장, 학장을 지냈다. 한편, 세브란스의전 출신으로 외과 교수이던 이용설은 흥사단 사건 후 개업의를 하다가 해방 직후 미 군정청 보건후생부장을 지냈으며, 소아과 교수이던 구영숙은 정부 수립 후 초대 보건부 장관을 역임했다. 이처럼 오긍선의 가르침을 받아 교수로 성장한 인물들이 각계에서 눈부신 활약을 했던 것도 인상 깊은 일이다.

    오긍선은 개화 초기에 미국에서 의학을 공부하고 돌아와 서양의학이 한국의 실정에 맞게 안착하고 발전하는 데 이바지했을 뿐만 아니라 한국 의학계가 일본에 의해 질식을 당하던 시기에 한국 의학을 수호하는 데에 큰 공을 세웠다.

교내 분규와
일본 침략 앞에서

교장 시절에 겪은 학내 분규

최명학 교수 사직권고

오긍선 교장 시절에는 학내 분규가 많이 일어났다. 그가 최초의 한국인 교장이라는 점에서 일종의 과도기적인 현상으로 보인다. 분규 가운데 이사회가 1936년 7월 24일, 최명학 교수의 권고사직을 결의한 것은 그 서막이었다. 최명학 교수를 사직하도록 결정했다는 소식이 밖으로 알려지자, 세브란스의전 동창들이 나서 교장을 공격했다. 또한, 서울과 평양의 동창회가 나서 오긍선 교장의 태도에 이의를 제기하며 반발했다.

이사회가 최명학 교수의 사직을 결의한 것은 병원장 이영준과 관련되어 있다. 이영준 박사는 학생 부정입학 문제로 두 해 전부터 교직원들로부터 불만을 사고 있었다. 이중철 교수가 이 일을 중재하기 위해 나섰다. 이중철 박사는 불미스런 소문의 진위를 확인하고, 동기인 이영준에게 자진 사임을 종용했다. 그런데 이영준이 처음의 태도를 바꿔 입학관련 소문을 전면 부인했다. 나아가 사임의사를 번복하고 이중철 박사를 무고誣告로 이사회에 보고했다. 이사회는 실행위원회를 열어 부정입학 건은 증거가 불충분하고, 이중철 박사는 우정과 학교를 위한 행동이었다며 분쟁을 일단락지었다. 하지만 학생 부정입학 사건은 엉뚱한 방향으로 흘러갔다.

서울 본정경찰서(현재 서울중부경찰서)는 부정입학에 대한 풍문을 인지하고 최명학 교수를 참고인으로 불러 조사를 벌였다. 그러자 이사회는 경찰 조사가 최 교수의 밀고에 의해 이루어졌다며, 최 교수에게 협동정신이 없음을 반성하라고 결의했다. 또한, 이사회는 방학 기간에 회의를 열어 최 교수의 항의와 취소 요구를 부결시키는 한편 최 교수의 권고사직을 결의했다.

이 과정에서 이사들은 학기 초에 학교를 떠들썩하게 만들었던 일을 거론했다. 낙제생을 처리하는 과정에서 최명학 교수와 이영준 박사가 서로 입장을 달리해 충돌한 일로, 경찰의 조사를 받은 적이 있었다. 그때 최 교수는 증언 요청을 거부했다. 이를 두고 이사들은 최 교수가 평소 동료에게 비협조적이고 호의적이지 않았다며, 이번 일도 동료의식이 부족한 데서 발생한 것이라며 이전 이사회 실행부의 결정을 승인하고, 이를 최 교수가 불응할 경우 사직을 권고하기로 의결했던 것이다.

하지만 동창회는 이사회 결정에 반발하며 최 교수의 유임을 요구했다. 특히, 동창회 경성지회와 평양지회가 적극 나섰다. 오긍선 교장은 동창회 경성지회 대표 자격으로 찾아온 두 위원에게 세 가지 이유를 들어 단호하고 강경하게 그들의 요구를 거부했다.

첫째, 이사회에 동창회 대표가 파견되어 있으므로 이미 결의에 불복하는 것은 모순이다.
둘째, 당사자인 최명학 교수가 이사회의 결의를 감수하겠다는 서면을 제출했다.
셋째, 최고 기관인 이사회의 결정과 상반되는 간청을 받아들일 수 없다.

치과의 독립 요구

에비슨은 선교부의 규정에 따라 70세에 은퇴해야 했지만, 적합한 후임자가 없어 고령에도 불구하고 세 차례나 정년 연장을 하며 교장직을 수행했다. 선교부의 요청에 따라 1년씩 두 차례 연장을 한 후, 세 번째는 재단이사회의 임명으로 1934년 2월까지 교장 업무를 계속 수행했다. 그리고 오긍선을 자신의 후임으로 추천했다.

오긍선은 미국 교회의 재정 지원 없이 학교와 병원을 잘 운영했다. 그런데 1937년 7월, 치과의 독립 문제가 불거져 한동안 어수선했다.

쉐플리W. J. Scheifley에 이어 부임한 부츠J. L. Boots는 최신 장비를

부츠의 모금으로 신축된 치과 진료소(1931)

갖춘 치과 건물을 신축하기 위해 10달러짜리 '벽돌 만 개 팔기'라는 구호를 내걸고 모금 운동을 전개했다. 그 결과, 1929년 미국치과의사협회로부터 1만 달러의 기부금을 받아냈다. 그리고 1931년 미국식 치과 종합병원 3층 건물에 최신 설비와 27명의 직원을 둔 명실상부한 치과 종합병원이 탄생했다.

이를 계기로 부츠는 재정을 포함한 치과의 독립을 오긍선 교장에게 요구했다. 그러자 교장 오긍선과 부교장 D. B. 에비슨은 "일개 교수로 말미암아 학교 행정을 자유롭게 할 수 없으니 그 자리에 앉을 수 없다"라며 사표를 던졌다. 하지만 이사회가 나서 오긍선을 적극 신임하고 옹호함으로써 치과의 독립 문제는 없었던 일이 되었다.

선교부와의 갈등

치과의 독립 요구로 불거졌던 문제가 일단락된 지 얼마 지나지 않은 1938년 2월, 오긍선이 스스로 사표를 제출했다. 오긍선이 자진해서 사표를 제출한 것은 미국 북장로회 선교부가 땅을 반환하라고 청구한 것과 무관하지 않다.

선교부는 세브란스병원에 기부한 7천 평(시가 3백만 원)이 조선에서 사업을 접고 귀환을 결정하는 과정에서 '신탁'한 것이었다며 반환을 요구했다. 이에 앞서 선교부는 반환 요구에 유리한 여건을 조성하기 위해 정년제도를 새로 만들어 오긍선의 심기를 불편하게 했다. 이때 다수의 이사는 이미 10년 전에 기부에 의한 권리 이전 등기 절차를 마친 것이므로, 쌍방에서 조사위원을 2명씩 선정해 해결 방법을 모색하자는 방안을 제시했다. 하지만 선교부가 응하지 않아 난항이 거듭됐다.

그러자 이사회는 선교부와의 관계를 고려해 오긍선 교장의 후임으로 계속해서 한국 사람을 교장으로 세우기가 어렵다며, 연전 교장인 원한경Horace H. Underwood(1890~1851)을 교장으로, 고명우를 부교장으로 선임했다. 이와 같은 인선으로 두 학교의 통합이 이루어져 종합대학이 실현될 수도 있다는 보도까지 나왔다.

하지만 오긍선이 교장에서 물러날 것이라는 소식을 들은 동창회가 나서서 교장 유임 운동을 전개했다. 상당 기간 혼란을 거듭하던 중 원한경이 교장 선임에 응하지 않겠다고 했고, 총독부마저 이사회의 안을 승인하지 않자, 12월에 이르러 오긍선 교장과 부교장 에비슨을 유임시키는 것으로 일단락됐다.

1939년 2월에 오긍선 교장이 정년으로 물러날 뜻을 밝히면서 문제가 다시 일어났다. 정년에 퇴지하는 것을 여러 가지 점에서 의의가 있다고 여기며, 무엇보다 솔선하는 선례를 남기겠다는 의지를 표명했다. 이에 이사회는 최동崔棟을 교장으로, 앤더슨을 부교장으로 선임했다. 그런데 조선총독부 학무국은 최동을 교장으로 선임하는 안을 승인하지 않았다. 결국, 오긍선의 사임은 취소

되고 다시 교장으로 선임되었다. 그리고 앞서 선교부가 일으킨 기부한 땅의 반환 문제는 6만 원 정도의 보상금을 지급하는 선에서 매듭지었다.

조선총독부의 친일파 양성과 회유

1918년 일본은 국내에서 발생한 쌀 폭동으로 인해 총리가 퇴진하는 정치적 혼란을 겪었다. 그때 일본은 이른바 방면위원제도를 시행하여 폭동을 일으킨 자들의 불만을 억제하고 달래는 효과를 보았다. 방면위원제도는 지역 인사들에게 법적 의무나 공적 책임을 지지 않아도 되는 명예와 권위를 부여해 자발적인 사회 부조 활동을 유발하는 것이었다. 한마디로 지역 유지에게 감투를 주어 권력자들의 앞잡이를 만들겠다는 발상에서 비롯된 제도이다. 그런데 방면위원제도는 정부 정책의 사각지대에 놓여있는 이들, 곧 소외층의 불만을 누그러뜨릴 수 있을 뿐만 아니라 감시하고 통제하는 역할을 겸했다.

방면위원제도는 사이토 총독이 잠재적인 친일파를 양성하려는 구상과 잘 맞았다. 사이토는 문화정치를 표방해 저항세력을 회유하고 분열시키며 친일파와 친일단체를 육성하는 지능적인 식민지배 정책을 폈다. 대한 사람들의 민족운동을 강력히 억압하되, 자본가, 지주, 종교, 교육 등 각 분야에서 온건하고 모범적인 인물을 대상으로 편의와 원조를 제공함으로써 잠재적인 친일파를 양성하고자 했다. 나아가 조선 통치에 유용한 민간인 협력자를 만들고, 지식인을 이용한 여론 조작과 반일조선인 단속에 이용하는 등 민족을 분열하는 정치를 획책했다.

문화정치는 참신한 친일파를 양성하고 민중에게 좋은 이미지를 가진 사람들을 포섭해 편의와 명예를 주어, 최소한 일본에 반대하지 않으면서 조선인 스스로 내선일체에 협력하도록 하는 술책이었다. 대표적인 사례로, 조선총독부 경성부가 경성부협의회를 조직하면서 행정에 어느 정도 경험과 식견을 가진 사람 중에 민중에게 좋은 이미지를 가진 사람을 선정해 감투를 주어(임명해) 충성을 유도한 것을 들 수 있다.

국내 언론은 1921년 10월부터 오사카의 방면위원제도를 소개한 데 이어, 경성에서도 그러한 제도가 필요하다는 것을 사설에서 밝혔다. 하지만 1927년경에 이르러서야 방면위원을 위촉했으며, 실질적인 활동이 이루어졌다. 오긍선은 경성부 서부지역에 거주하고 있었기 때문에, 1931년 10월에 이르러 방면위원에 위촉되어 본격적인 활동을 시작했다. 활동은 주로 관내에 생활이 어렵고 가난한 집을 조사해 구제와 교육 등 필요한 사업을 벌이는 것이었다. 오긍선은 세브란스의전의 교수, 의사, 학교장 그리고 사회사업가에 걸맞은 여러 분야에 발족을 위한 발기위원, 방면위원으로 위촉되었다.

이처럼 조선총독부는 조선인의 동화를 위해 역량 있는 유지와 인사들로 제도와 기구를 조직해 일상에서 친일하도록 강제했다. 조선총독부는 1937년 중일전쟁을 전후해 사회 각계 주요 인사들을 대상으로 노골적인 부역을 요구했다. 이에 더러는 편한 길을 선택했고, 더러는 마지못해 좋은 것을 취했고, 더러는 좋은 게 좋다는 식으로, 더러는 힘을 기르려는 방편으로 대응했다. 오긍선은 조선임전보국단 발기인 및 평의원(1941)으로 위촉되어, 「임전하臨戰下에 신년을 마지하여」(『반도의 빛』, 1942년 1월호)라는 글과 「환하게 열린 정로征路」(『매일신보』, 1943. 11. 6)라는 글을 기고했다. 어쩔 수 없는 선택이었지만, 오긍선의 일생에는 큰 오점이 되었다.

대한민국 정부 수립 후 제헌국회는 1948년 9월 7일, 반민족행위처벌법을 공포하고, 법령에 따라 1949년 1월부터 반민족행위특별조사위원회를 가동했다. 오긍선은 1949년 8월, 반민족행위특별조사위원회에 자수해 조사를 받고 풀려났다.

솔선수범한 정년퇴임

오긍선은 교장 재임 기간 중 여러 차례 인사 파동을 치렀다. 하지만 어떤 과오를 범했거나, 직무수행 능력이 떨어져서 일어난 것이 아니었다. 그렇다고 적체된 인사의 신진대사를 적정하게 하거나 업무의 효율성을 높인 것도 아니었다.

당시 세브란스의전은 제도적으로 교수들이 자유롭게 학문을 연구할 수 있는 여건을 조성할 수 있을 만큼 형편이 여유롭지 않았다. 그리고 오긍선은 세브란스나 에비슨과 같은 권위를 가지지 못했다. 따라서 외부 권력은 물론 이사회나 기부자의 간섭이 따

아사히의전 간판을 거는
오긍선 교장

랐다. 오긍선은 한국인 첫 교장이라는 부담감 못지않게 동료 선교사들을 의식하지 않을 수 없었다. 세브란스의전과 관립학교와의 제도적인 간격을 좁히는 데 힘쓰는 한편, 후원회를 조직해 경영의 내실을 기하며 학교 발전을 준비하는 초석을 다졌다. 그리고 단호하고 결연한 자세로써 지도력의 공정함을 잃지 않았다.

오긍선은 제정된 65세 정년제도를 솔선하는 모범을 보였다. 선임자인 에비슨은 74세의 노령으로 퇴임했고, 윤치호는 78세에 연희전문 교장으로 취임했다. 무엇보다 인재가 귀한 당시에 65세

정년은 상식 밖의 일이었다. 하지만 오긍선은 후진 양성을 명분으로 내세워 정년제를 만들고, 65세가 되던 1942년 8월에 부속병원장인 이영준에게 학장직을 넘겨주었다.

당시 교수진을 살펴보면, 이영준을 학장으로 지명하는 것이 쉽지 않았음을 쉽게 알 수 있다. 더구나 조선총독부는 오긍선의 후임을 일본인으로 세우려고 다양한 공작을 펼쳤다.

당시에는 1938년 수양동우회 사건으로 퇴임한 이용설을 제외한 선임 교수들이 모두 재임 중이었는데, 오긍선은 1927년 졸업생인 이영준을 교장으로 발탁했다.

제3대 교장으로 취임한 이영준은 1895년 9월 11일 경북 대구 출신으로 대구계성학교를 졸업한 후, 보통학교에서 교편생활을 여러 해 하다가, 1923년에 세브란스의전에 입학했다. 입학할 때부터 오긍선에게 자질과 지도역량을 인정받아, 졸업과 동시에 피부비뇨기과 조수로 임용되었다. 그리고 동경제국대학으로 유학을 다녀온 후 주임교수 및 부속병원장에 임명되어 오긍선의 후계자로서 그 입지를 다졌다.

이영준은 8. 15해방 후 교장직을 사임한 후 정계에 투신해 한민당 재정부장, 국회의원(4선), 국회부의장, 민정당 간사장 등을 역임하면서 정치인으로 대성했다. 오긍선의 사람 보는 혜안을 보여주는 좋은 사례이다. 오긍선과 두터운 친구 사이였던 당시 경성여의전 교수이자 의학계 원로인 정구충鄭求忠 박사는 다음과 같이 회고했다.

소위 태평양전쟁을 도발한 일본은 당시 우리나라에 있던 미국인들을 추방시켰기 때문에 세브란스 이사회의 구성도 한국인 각 교파 대표들로 이루어졌다. (…) 이런 가운데 오긍선은 총독부에 의해서 강행되는 모든 일에 자기가 세의전을 올바르게 이끌어가기 위하여 이사들을 설득시켜야했고 이사회에서 결의된 사항을 당국에 반영시키는 것이 첫째 난관이었으며 그 다음은 오긍선 자신이 정년퇴직 후의 후계자로 그때 가장 유능한 사람이라고 생각했던 이영준을 지명하는 문제였다. 오긍선이 30여 년간 재직 중 많은 인재를 양성했지만 그중 비교적 만학을 한 이영준을 택한 것은 그의 능력과 수완과 학문과 신앙심이 대동아전쟁에서 일본이 멸망하기 전까지라도 거기에 적응하면서 무사히 학교를 우리 손으로 지켜 그들에게 넘겨주지 않을 것이라고 믿었기 때문이었다. (…) 해방 후에 그는 정계에 투신하여 국회의원과 국회부의장을 역임했고 보건부 독립에도 많은 공을 세운 수완가였음을 볼 때 오긍선의 혜안이 틀림없었다.

좋은 이웃을 꿈꾸며

> 그분은 어려울 때 책임자의 자리를 맡았으나 아무리 바빠도
> 한시라도 인간에 관한 관심과 사랑을 잊었던 일이 없었다.
> 그분은 범사에 기독교적 사랑을 몸소 실천한 분이다.
> 원한경, Horace H. Underwood

소외된 이웃과 함께

서울시는 1919년 늦가을, 각종 사회 부조를 하는 임의 사업자를 포함해 사회 유력인사를 불러모아 사회사업에 관한 설명회를 열었다. 설명회가 있고 난 뒤 '경성고아구제회'(1920. 2)가 조직되었으며, 1922년 5월에 김병찬, 김일선, 오긍선, 윤치호 등이 임원으로 참여한 재단법인 경성고아원('좋은집' 전신, 이하 경성보육원)이 설립되었다. 경성보육원은 법인화 이전에 사설 복지 시설 형태로 시작해 사회사업 기관이 된 사례이다.

오긍선은 1927년에 가진 한 인터뷰에서 경성보육원은 남대문교회 김병찬 장로에 의해 운영되어 오던 고아원을 모체로 세워진 것이라고 했다.

거리를 떠도는 아이들이 3·1만세운동 이후에 더 많이 생겨났다. 부랑아 문제는 조선총독부가 나서 자선 단체의 설립을 독려하는 등 대책 마련에 애쓸 만큼 사회문제로 떠올랐다. 따라서 일개인의 선한 동기와 영향력이 유지될 수 있는 사회적 여건, 곧 상부상조를 위한 일정한 단위의 연대가 필요했다. 오긍선은 설명회에 다녀온 이후 대책을 마련하기 위해 김병찬, 윤치호 등을 만났다. 어떻게 하면 아이들이 보육원을 자기 집으로 여기고 편안하게 생활할 수 있게 할 수 있을까? 학령에 도달한 아이들이 공부할 수 있도록 무엇을 어떻게 할 것인가? 등의 문제를 놓고 상의했다. 보육원을 공익법인화하는 것이 고아들에게 교육을 제공하기에 유리하며, 공익을 확보하고 안정적인 운영에 도움이 될 것이라는 데 의견을 모았다. 법인 이전에 먼저 경성고아구제회를 결성하기로 의견 일치도 보았다. 그리고 구제회 임원을 중심으로 이사회를 구성했다.

김병찬 장로

보육원은 처음에 11명으로 시작했는데, 아이의 수가 점점 늘어났다. 오긍선은 임원들과 협의해 원한경 소유의 대지 3천여 평과 가옥을 좋은 조건으로 매입하고, 1921년 초에 아이들을 서대문 옥천동 126번지로 이주시켰다.

경성보육원은 초기에 거의 기독교인들의 도움만으로 운영되었다. 하지만 법인 설립 이후부터는 일반인들의 참여가 늘어나 "화류계 여자로도 수백 원의 기부금이 있다"라는 기사에서 알 수 있듯이, 각계 각층의 참여로 운영되었다. 그리고 1936년 9월에는 경기도 안양으로 이전해 오늘에 이르고 있다. 경성보육원이 안양으로 이전하게 된 것은 15세 이후에도 계속 수용할 수 있는 여건을 마련하기 위해서 추진되었다. 이는 원아들이 사회에 적응할 수 있는 능력을 준비하는 데 필요한 수용 여건을 갖추려는 조치였다.

사실 이사장직을 맡은 윤치호는 보육원 사업에 관심을 가지고 지속해서 참여하는 데 여러 가지 제약이 따랐다. 따라서 보육원 업무는 거의 오긍선이 대신하는 경우가 많았다. 윤치호는 1933년 12월 13일자 일기에 "나는 이름뿐인 이사장이고 실제로는 오긍선이 대부분의 일을 다 했다"라고 썼다. 경성보육원의 실질적인 경영은 오긍선이 도맡다시피 했다.

고아들을 모아서 돌보기 시작했던 김병찬 장로는 사업을 확장해 신성상회 및 신행여관 등을 경영하면서 보육사업에 깊이 관여했으나, 6·25전쟁 중 입은 부상으로 유명을 달리했다. 오긍선은 세브란스의전 교장에서 퇴임한 후 경성보육원 사업에 더 많은 애정을 가지고 이사장직을 맡아 수행했다.

그런데 오긍선의 사회사업은 고아 양육에만 그치지 않았다. 경성보육원 가까운 거리에는 의지할 곳 없는 노인들을 위한 시설인 경성양로원(현재 '청운양로원' 전신)이 있었다. 그곳은 이원직 여사가

경성보육원 원아들과 함께(맨 뒷줄 오른쪽 오긍선, 1920)

경성보육원(1920)

1927년 7월에 자신의 개인 재산을 내어 설립한 것으로, 생활보장 대상으로 자손이 없는 70세 이상 할머니가 전액 무료로 사용할 수 있는 시설이었다. 하지만 후원이 거의 이루어지지 않는 상황에서 난방 등 노약자에 필요한 시설을 확보하고 필수 의료 장비를 갖추기 위해 노력하다 보니 몇 해 지나지 않아 재정적인 어려움에 부딪혔다. 눈물을 머금고 새로운 운영자를 찾을 수밖에 없었다. 때마침 이 사실을 알게 된 오긍선은 경성보육원 관계자들과 숙의해 운영권을 넘겨받기로 하고, 경성양로원을 인수하고 원장으로 취임했다. 일찍이 오긍선은 서구 여러 나라를 시찰하면서 오갈 데 없는 노인들에게 국가나 사회에서 생활대책을 마련해주는 사회보장 제도를 보고 큰 감명을 받은 바 있다. 이러한 동기로 양로원을 인수해 오갈 데 없는 불쌍한 노인들에게 자선을 베풀게 된 것이다.

한편, 경성보육원은 날로 증가하는 고아를 수용하기 위한 시설 확장이 필요했다. 하지만 오긍선이 세브란스의전 교장에 오르면서 사회사업에 집중할 수 없게 되자 후원 모금이 이전만 못 했다. 게다가 양로원 운영 자금이 예산을 초과해 적자 폭이 예상보다 컸다. 그러던 중 처음 양로원을 시작했던 이원직의 후손인 이윤영이 모친의 뜻을 이어가겠다는 뜻을 밝혀옴에 따라 그에게 운영권을 넘겨주기로 했다.

이사회는 보육원을 확장하기 위해 경기도 안양에 8만여 평의 새 대지를 마련하고 이전하면서, 양로원 운영권을 1936년 9월 관리자이던 이윤영에게 위임하기로 결정했다.

인수한 지 5년 만에 운영권을 넘겨주긴 했지만, 그 당시 부유한 사람들도 외면하던 무의탁 노인들을 위한 사업을 일개 의학자가 보육원 사업과 함께 시도한 것만으로도 오늘날까지 사회사업의 본보기가 되고 있다.

해방의 감격과 전쟁의 슬픔

1945년 8월 15일, 일본이 무조건 항복한다는 일본 천황의 육성방송을 듣는 순간 오긍선은 누구보다도 기뻐하며 감격했다. 세브란스의전에 재직할 때 그리고 사회사업을 하면서 받았던 각종 압력이 주마등처럼 지나갔다. 고희古稀(70세)에 가까운 나이였음에도 해방을 맞은 감격으로 인해 무슨 일이든지 할 수 있을 것 같은 용기가 치솟음을 느꼈다.

오긍선은 교직에 있는 동안 의학교육에 전념하고 세브란스를 살리기 위해 정치성을 띤 모임에는 일절 참여하지 않았다. 다만 홍석후, 송언용, 이익채, 정욱, 이명원, 이환직, 김풍진 등과 어울리며 우의를 다지는 정도였다. 금란계金蘭契란 동호인회(일명 '토요구락부')를 만들어 매주 한 차례 만나 망국의 설움을 달래며 동병상련했다. 그리고 신흥우, 육정수, 김성수, 김동성 등과 자주 어울려 세상일을 담론했다. 그런데 광복 후에 많은 동료가 찾아왔다. 특히, 오긍선이 서양인들의 친목 단체인 메이슨클럽Mason Club의 스코틀랜드 체인 정회원이었다는 사실을 알게 된 정치에 뜻을 둔 지식인들의 발길이 끊이지 않았다.

한국민주당 창당을 서두르고 있던 김성수, 송진우 등은 오긍선을 찾아와 정당 활동에 참여해달라고 했다. 하지만 오긍선은 나이도 많고 고아 보육사업에서 손을 뗄 수 없다며 거절하고, 대신 자신이 가장 신임하는 이영준을 추천했다. 이런 인연 때문인지 이영준은 세브란스의전 교장 임기를 다하고, 1945년 9월 16일에 창당된 한국민주당의 재정부장으로 발탁되었으며, 제헌 국회의원 선거 때 공천을 받아 국회의원에 당선되었다.

오긍선은 해방되기 4개월 전에 부인상을 당했는데, 그 이후부터 한동안 안양보다 서대문 충정로 자택에 있는 시간이 더 많았다. 더 많은 사람을 접촉할 수 있었고, 그로 인해 하루가 다르게 변하는 국내외 정세를 파악할 수 있었다. 한편, 오긍선이 30여 년 동안 정력을 쏟았던 세브란스의전은 해방과 더불어 학교 명칭을 되찾았고, 법의학을 강의하던 최동이 이영준의 후임으로 4대 교장에 취임했다.

9월 초에는 미군이 진주하면서 곧 남한 지역에 미 군정이 실시될 것이라는 소문과 함께 백범 김구를 비롯한 상해 임시정부 요인들 그리고 이승만 박사가 귀국한다는 소식 등이 쉴 새 없이 전해졌다.

그러던 9월 어느 날 귀한 손님이 오긍선을 방문했다. 군정 실시에 앞서 한국 내 사정을 알아보기 위해 트루먼 대통령이 보낸 해리스 특사가 오긍선을 찾아온 것이다. 트루먼 대통령은 친서를 통해, 곧 발족할 미군정청 민정장관을 맡아달라고 했다. 친서를 확인한 오긍선은 "정치는 정치인이 해야지 나같이 정치를 모르는 사람은 정치할 수 없다"라며 자신의 의사를 분명히 밝혔다. 당시에 이미 국내에는 여운형이 중심이 된 건국준비위원회(8월 15일)가 구성되어 있었고, 안재홍을 주축으로 하는 국민당(9월 1일)이 발족해 있었다.

오긍선은 정치적 야망이나 명예엔 무관심한 의료 봉사자요 사회사업가였다. 해리스 특사가 다녀간 얼마 후 미군이 서울에 진주하고, 동경의 맥아더 사령부에서는 남한 지역에서 미 군정을 시행한다고 선포했다. 그리고 군정장관 아놀드 소장과 주한 미군 사령관 하지 중장이 차례로 오긍선을 찾아왔다. 그때마다 오긍선은 군정청의 요직을 맡아달라는 요청을 정중히 사양했다. 심지어 군정장관의 고문직인 자문관직마저 사양했다. 그러면서 한국 내에 사립대학 설립을 인가해줄 것과 일본인 기술자들에 의해 움직이던 공장을 우리나라 기술진이 가동할 수 있을 때까지 일본인 기술자들을 억류시켜 줄 것 등 다섯 가지 조항을 건의했다고 한다.

미 군정청은 과도행정부를 이끌 인사로 민정장관에 안재홍, 문교부장에 유억겸(당시 연희전문 교장), 경무부장에 조병옥(전 연희전문 교수), 보건후생부장에 이용설(당시 세브란스의전 교수) 등을 각 부서 책임자로 기용했다. 그리고 연희전문학교 교장을 수행하던 중 1942년 4월 조선총독부에 의해 강제로 추방되었던 원한경을 군정청 자문관으로 불러들였다. 미 군정 말기인 1947년에는 하지 중장이 워싱턴까지 가서 미국에 머무르고 있던 서재필을 군정청

자문관으로 불러들였다. 노령(82세)을 이유로 사양하는 서재필에게 하지 중장은 다음과 같이 권고했다.

한국 사람들은 당신의 귀국을 몹시도 고대한다. 당신은 조선 독립을 위하여 일평생을 바쳐왔고 더구나 한국 사람들에게는 특별한 존경을 받고 있으니 당신의 말은 누구든지 경청할 것이다. 한국에는 믿을만한 지도자가 극히 드물다. 이것이 가장 큰 유감이다. 당신과 같이 성의 있고 고결하고 공정하고, 그리고 민주주의를 가장 잘 이해하는 사람이 한국에 가면 정부 수립에 큰 도움이 될 것이다. 한국 사람에게 큰 이익을 줄 뿐 아니라 미 군정 당국에도 큰 원조를 줄 것이다. 나는 당신의 환국을 충심으로 환영하는 바이다.

서재필 자서전에 수록된 하지의 서재필 초청 권고문을 보면, 그 당시 미 군정 당국이 역량 있는 한국 인사들의 자문을 얼마나 갈망하고 있었는가를 알 수 있다. 하지만 오긍선은 정치에 관여하지 않겠다는 자신의 신념을 굽히지 않았다. 해방의 기쁨과 함께 정관계로 진출해 입신출세할 기회를 외면하고 보육원 사업에만 정성을 쏟았다. 이후 전국사회사업연맹 이사장과 사회사업연합회 회장, 대한기독교서회 이사장, 대한성서공회 이사장 등 종교계와 사회사업 분야의 명예직만 역임하면서 고아 양육 사업에 힘을 기울였다.

그런데 6·25전쟁은 오긍선에게 큰 슬픔을 안겨주었다. 피난 도중에 많은 원아가 희생한 것이며, 장래가 기대되던 장남을 부산 피난지에서 잃은 것 등은 다른 사람으로서는 짐작할 수 없는 그만의 가슴 아픈 일이었다.

오긍선은 1950년에 아예 거처를 안양으로 옮겨 고아 보육사업에만 전념했다. 그해 5월 30일에 제2대 국회의원 총선거가 평온한 가운데 실시되어 6월 19일에 새 국회를 개원했다. 국회 개원에 앞서 6월 17일에는 덜레스 미 국무장관이 방한해 38선을 시찰하고, 한국에는 전쟁의 위험이 전혀 없다고 말하고 돌아갔다. 그리고 한 주 지난 다음 날 새벽에 전쟁이 일어났다.

북한이 남침했다는 소식이 있고 난 뒤 줄곧 정부 당국에서는 라디오 방송을 통해 서울 북방에서 북한 공산군을 격퇴할 수 있으니, 국민 모두는 안심하고 생업에 열중하라고 시간마다 특별방송을 내보냈다. 대다수 국민과 마찬가지로 오긍선은 방송을 믿고 피난하지 않았다. 오긍선은 북아현동 집에 머물러 있다가 그해 11월 하순에 경찰병원장으로 재직하고 있던 장남 한영이 보건부 장관으로 영전하는 기쁨을 가족과 함께 나눴다.

하지만 이듬해 초 중국 공산당의 개입과 인해전술로 전세가 불리하다는 소문을 듣고 달려온 가족과 함께 부산으로 피난했다. 그때 고아원 가족은 몇 번에 나눠 피난했다. 70여 명의 원아 등 1백여 명이 한꺼번에 피난할 수 없었기 때문이다. 원아와 직원들을 3개 조로 나누어 부산까지 가도록 일렀지만, 뜻대로 되지 않았다. 1진과 2진 80여 명이 남해안 가덕도에 도착했다. 하지만 3진은 소식이 없었다. 30여 명의 원아는 길이 막혀 미처 고아원을 떠나지 못하던 중 폭격을 당해 20명이 희생당했다. 오긍선은 수복 후 안양으로 돌아가 1·4후퇴 때 희생당한 어린 원아들을 고아원 뒷산에 묻어 주고 그 영혼들을 위로하며, 사후에 자신도 그곳에 묻히기를 원했다고 전해진다. 어린 원아들의 희생을 두고 오긍선은 다음과 같이 자책했다.

> 평생에 가장 가슴 아팠던 일은 1·4후퇴 때 안양에 남아 있던 30명 아이 가운데 20여 명을 폭격에 잃은 일이다. 그 당시 70여 명 원아의 후송 길이 끊겨 부산에서 조바심치고 있는데 세 패로 갈린 원아들은 걸어서 부산까지 오기도 했고 중간에서 자리잡기도 했으며 안양에 발이 묶인 한 패는 폭격을 당해 20여 명이나 되는 친구를 잃어 애처로웠다. 이다음 나도 죽으면 그 원한의 고혼들이 묻힌 보육원 뒷산에 묻히고 싶다.   _1962년도 소파상 받은 후 기자 회견담

오긍선이 부산 피난 시절 두 번째로 겪은 슬픔은 피난지에서 장남 한영이 55세의 젊은 나이에 세상을 떠난 일이다. 그 아들은 오긍선이 배재학당에 재학 중이던 1898년 5월 11일 군산에서 출생해, 1923년 세브란스의전을 졸업한 후 미국 에모리대학에서 내과학을 전공했다. 유학을 마치고 돌아와 세브란스의전 내과학 교수를 역임하다가 다시 일본 교토제국대학 의학부에서 내과학을 공부했다. 오한영은 세브란스 병원장과 세브란스재단 이사를 역임했다. 해방 후 관계에 진출해 서울시 참사관, 국립경찰병원장을 역임하다가 1950년 11월, 구영숙 장관의 뒤를 이어 제2대 보건부 장관으로 임명되었다.

오한영은 평소에 혈압이 높고 건강이 좋지 않았던 터라 아버지의 권유로 술을 끊고 식이요법으로 건강관리에 신경을 썼다. 장관직에 올라 피난민 구호를 위한 외국 원조 기관 유치 및 구호병원 설치에 전력을 다했다. 하지만 취임한 지 1년 3개월 만에 건강이 악화되어 사임했다. 그리고 1952년 4월 14일, 아버지에 앞서 세상을 달리했다. 여든을 눈앞에 둔 오긍선은 큰아들을 앞서 보낸 고통을 견디기 힘들어하며 인생의 무상함을 절감했다고 한다. 인정받는 내과 의사이자 한 나라의 보건 행정을 책임지던 장관이 한창 일할 나이에 쓰러진 것을 보며, 전쟁이 일어나지 않았더라면 이 어이없는 일을 겪지 않았을 것이라며 괴로워했다. 아들이 청렴결백하게 공직을 수행한 것에 감사하며 고통을 견뎠다.

한편, 오긍선은 피난지에서 이승만 대통령과 오래된 인연을 접었다. 비록 구황실과 왕족들을 보호할 책임을 맡은 공인으로서 정당한 업무를 수행하기 위해서 직언을 하고 스스로 물러난 것이긴 하지만, 여든에 가까운 두 사람은 이 일이 있고 난 뒤 거의 접촉이 없었다고 한다. 전쟁으로 인해 겪은 또 하나의 비극이라고 할 수 있다.

이승만과의 해후와 결별

8·15광복 두 달 후인 1945년 10월 15일, 미국에 머물면서 독립운동을 전개하던 이승만이 귀국했다. 이승만은 1904년 11월

독립협회와 만민공동회 사건으로 투옥되어 6년 동안 옥고를 치르고, 곧바로 도미하여 프린스턴대학에서 수학한 후 미국에서 독립운동을 계속했다. 1919년 9월에는 상해 임시정부의 대통령으로 선출되었고, 또 태평양전쟁이 일어나기 직전인 1941년 9월에는 임시정부 구미 외교위원장으로 선임되어 활약한 바 있다. 그래서 이승만의 귀국은 모든 국민의 관심을 모았다.

이승만은 오긍선과 배재학당 선후배 관계일 뿐만 아니라 독립협회와 만민공동회에 함께 관여했던 동지였기 때문에 보통 친숙한 사이가 아니었다. 게다가 두 사람은 학교와 전공은 달랐지만, 개화기에 미국으로 유학해 서로의 존재를 잘 알고 있었다. 이러한 인연으로 두 사람은 이승만이 망명지에서 귀국한 얼마 후 돈암장에서 30여 년 만에 해후했다. 하지만 어떤 정치성을 띤 만남이 아니라 배재학당의 2년 후배요 연령상으로도 세 살 아래인 오긍선이 망명길에서 돌아온 선배에게 예의상 인사하기 위해 찾아감으로써 이루어진 것이었다. 이때 이승만은 조선독립촉성회 중앙회를 조직해 회장직을 맡고 있었다. 그뿐만 아니라 미 군정 고위 당국자와 자신의 노선을 지지하고 있는 한민당 간부들과 더불어 제헌국회 구성 문제 등 정부 수립에 관한 대책을 논의하고 있었던 터라 오랜만에 만난 두 동창 간에 대화는 그리 길지 않았.

오긍선은 정치문제에 대해서는 철저히 거리를 두고 선배에 대한 예의만 차리고 돌아섰다. 그 후 이승만은 1946년 2월에 구성된 남조선 민주의원 의장에 추대되고 신탁통치 반대와 남한 단독정부 수립 운동의 주역으로 활동하느라 분주했다. 1948년 5월

10일 유엔 감시 아래 제헌 국회의원을 선출하는 총선거가 시행되었다. 그리고 이승만은 7월 20일 제헌국회에서 초대 대통령에 선출됐다. 이 대통령은 오긍선에게 사회부 장관을 제의했다. 하지만 이때에도 오긍선은 정치는 정치할 줄 아는 정치인이 해야 한다며 사양했다.

오긍선은 입각 교섭을 위해 찾아온 대통령 비서에게, 도와주려면 관직을 주지 말고 보육원 사업을 지원해 달라고 했다고 한다. 이후 안양기독보육원은 서울특별시로부터 후생시설 대행기관으로 공인을 받았다. 그리고 이 대통령이 안양기독보육원을 방문하고 돌아간 후 원아 숙소를 증축하는 자재와 자금이 전달되기도 했다.

두 번째 공직

국가 보건정책은 정부수립 때부터 사회부가 맡아 왔었다. 1948년 8월 수립 된 이승만 정부는 9개월 만에 정부조직법을 개정했다. 이에 따라 보건과가 사회부에서 분리되어 보건부로 승격해 국가보건 정책을 관장했다. 이때 이승만은 오긍선에게 보건부를 맡아달라고 제의했다. 하지만 오긍선은 이 제의 역시 사양하며 자신이 기용한 구영숙 교수를 추천했다고 한다.

초대 보건부 장관을 역임한 구영숙은 1892년 4월 2일 황해도 황주 태생으로 미국 에모리의대를 졸업했다. 그는 오긍선 학감의 추천을 받아 세브란스의전 소아과 교수가 되었고, 대한적십자사 총재를 역임하기도 했다. 구영숙은 장관자리에서 물러나며 오긍선의 장남인 오한영을 장관으로 추천했다.

오한영이 입각한 후 이승만은 다시 오긍선에게 구황실 사무청('문화재청' 전신)의 책임을 맡아 달라고 했다. 당시 구황실 사무청은 국권침탈 이전 조선 왕실의 재산관리와 생존하는 왕족들의 생활을 뒷받침해주는 것이 주된 업무였다. 두 차례나 입각 권유를 사양했던 오긍선은 정무직이 아닌 자리를 사양하기 어려웠다. 내부 주사로서 관직을 맡아 국록을 받았던 일을 떠올리며 황은에 보답할 기회라 여기고 구황실 사무청장직을 수락했다. 이렇게 해서 오긍선은 대한민국 정부에서 처음이자 마지막인 공직을 수행했다.

두 사람의 교분에 관해 초대 사회부 장관을 역임한 전진한錢鎭漢은 「이런 일도 있었다」란 신문 칼럼을 통해 다음과 같이 회고했다.

내가 사회부장관 노릇을 할 때에 이 대통령과 오긍선 박사와 내가 합석한 적이 있었다. 그때 오 박사는 자기가 미공병 대장 모씨로부터 전 장관은 '투·어네스트·맨'이라는 말을 들었다고 하니까 대통령은 '우리 정부에도 하나쯤은 있어야지' 하면서 웃었다. 「투·어네스트」라는 말은 우직해서 바보에 가깝다는 뜻이다. 내가 이 말을 듣게 된 것은 이화장 시절에 이 박사가 나를 부르기에 갔즉 어떤 미군장교에게 나를 소개하면서 '대전에 비행장을 닦는 데 청부를 맡으라'는 것이었다(미더운 노동자를 동원해 달라는 의미에서였음).

윤비를 모시고(오른쪽 두 번째 오긍선, 1952)

  부산 피난 시절에도 오긍선은 남해안 가덕도에서 피난한 고아들의 구호사업을 계속했다. 가덕도와 부산을 왕래하면서 옛 왕실의 재산관리와 왕족들 보호에도 정성을 다했다. 그 당시 왕족은 순종 황제의 부인인 윤비尹妃와 일본에 거주하고 있는 영친왕 등이었다. 그런데 구 왕족을 처우하는 문제로 오긍선과 이 대통령 사이에 의견 대립이 잦았다고 한다.

  윤비는 일간지에 보도될 정도로 궁핍한 생활을 했다. 오긍선은 전통적인 관념에 의해 왕족 보호에 특별한 관심을 가지고, 기회 있을 때마다 생활비를 대폭 증액해야 한다고 대통령에게 건의했다. 하지만 번번이 거절당했다. 한편, 오긍선은 일본 도쿄에 있는 영친왕 사저를 적산으로 간주해 시가보다 훨씬 적은 보상금을 주고 주일 대표부 청사로 접수하려는 정부의 계획을 반대했다. 이런 일이 있고 난 뒤 오긍선은 구황실 사무청장직을 사임했다. 우연한 일인지는 몰라도 당시 동경 주일 대표부 상무관 및 교민부장으로 있던 차남 진영도 거의 같은 시기에 본국으로 소환되어 관직에서 물러났다. 여기에 대해 오긍선의 둘째 사위 최영규는 다음과 같이 회고했다.

이승만 박사와는 옛 친구로서 여러 차례의 연락이 있었지만 두문불출하고 당신의 고아 사업에만 온 정력을 쏟으셨다. 그런데 예외적으로 부산 피난시절 이 박사의 청을 받아들이신 적이 있었으니, 즉 구황실 사무청의 책임을 맡으신 일이다.
하루는 윤비 이야기를 하시면서 잘했던지 못했던지 간에 지난날의 왕족에 대한 처우가 너무 박하여 윤비께서 생활의 곤궁을 당하시는 것을 보아 이번 요청만은 거절할 수가 없었다고 하셨다.
그는 동래에서 어렵게 피난 생활을 하시는 윤비를 자주 방문하셨으며 윤비의 생활대책에 대해 많은 관심을 쏟으셨다. 어느 날 동래에서 이 대통령 주재 하에 회의가 소집된 일이 있었다. 그 자리에서 윤비의 처우개선에 대한 건의를 하셨으나 이 대통령의 거절로 개선의 희망이 없자 퇴장하신 일이 있었는데 당시 대통령 비서가 달려와 제지했고 심지어 경호책임자까지도 앞길을 막으려 했으나 응하지 않으셨다.
'나를 필요로 하시면 언제든지 대통령 명령으로 부를 수 있지 않는가?' 하시면서 결연히 퇴장하셨다는 것이다.

또 이박사가 몇몇 옳지 않은 인사의 건의를 받아들여서 일본 영친왕 사저를 적산으로 간주 주일 대표부 청사로 사용하도록 접수 명령을 내린 일이 있었다.

'대통령인 당신이 하시오. 대통령이 못하는 일이라면 일개 구황실 관리 책임자가 어찌 감당할 수 있겠소. 잘했건 못 했건 나의 조상과 내가 구황실의 큰 은혜를 입은 몸으로 도저히 나로서는 용납할 수 없는 일이요'라고 결연히 반대 의사를 표명했고 이즈음 사의를 표명하셨던 것으로 안다.

오긍선은 자신의 건의가 존경하고 신뢰했던 이 대통령에게 번번히 거절되자 구황실 관리책임자의 자리를 미련 없이 박차고 떠났다.

착한 양, 오 박사

의례히 아침에 올라가 문안을 드리고 또 저녁에 와서 옷을 평상복으로 갈아입고 먼저 어머님 계신 곳에 올라갔다가 내려옵니다. 일과로 돼있을뿐더러 또 시간이 되면 기다리고 앉으셨으니깐요.
1938년 인터뷰 중

착한 아들

오긍선의 어머니는 여러 남매를 모두 잃은 후 아들 긍선을 낳았다고 한다. 그리고 사흘째 되는 날부터 산고도 잊은 채 삼신에게 지성으로 기도했다고 한다. 그런데 오긍선은 어릴 때 유약해 어머니의 근심을 많이 샀다. 그런 아들이 장성해 결혼하고, 18살이 되어서는 주사로 임용되어 서울로 떠났다. 또다시 어머니는 정화수를 떠놓고 기도를 시작했다.

서울에 올라온 오긍선은 내부에 근무하며 낯선 곳에서의 일상에 빠르게 적응했다. 당시 서울 장안에는 시국에 대한 많은 소문이 돌았다. 국왕이 새로운 나라를 세울 것이라는 이야기를 숨죽여 나누고, 러시아가 조선을 지배할 것이라고 목소리에 힘을 주어 말하고, 중국을 이긴 일본이 조선을 장악하기 위해 개화파 출신 인사들과 모의하고 있다며 주변을 살핀다. 더러는 선교사들이 세운 학교에 관한 소문을 전하며 서양 학당에서 공부하면 좋겠다는 희망을 밝히기도 했다.

오긍선 역시 무수한 소문을 들었다. 특히, 배재학당에 대한 세인의 평을 들은 후부터 비상한 관심을 가졌다. 하지만 막상 한 친구로부터 선교사가 세운 학교에 들어가서 공부하자는 제안을 받고는 무척 망설였다. 친구의 권유를 선뜻 받아들이지 못한 것은 스승이 터준 관직을 그만두어야 하는 것도 그렇고, 무엇보다 부모님께 마땅히 드릴 말씀이 떠오르지 않았기 때문이다.

하지만 오긍선은 배재학당에 들어가 공부하기로 작정하고 부모님께 사정을 말씀드렸다. 아버지 오인묵은 절대로 서양 종교(기독교)에 발들여놓지 말라며 학당 입학을 허락했다. 하지만 약속한 것과는 달리 오긍선은 기독교로 개종했다. 한동안 자신의 세계관을 어떻게 부모님께 말씀드릴까를 생각하며 답답한 시간을 보냈다. 신학문을 배우려는 열망과 기독교 분위기에 날로 익숙해지는 자신이 대견하기도 했지만, 책을 읽는 소리에도 그렇게 좋아하셨던 부모님을 생각하면 마음이 무거워졌다. 아버지가 교회를 나가기 전까지는 그랬다.

오긍선은 아침마다 노부모를 문안하는 것으로 일과를 시작했다. 그 누구보다 아침 일찍 일어나 부모님 방에 군불을 지피고, 출입할 때마다 사정을 여쭙고, 보료 밑에 손을 넣어 살폈으며, 장작을 직접 패 나무 부스러기 하나 허투루 하지 않았다. 출근할 때면 작은아들 진영을 데리고 어머니에게 가서 "안녕히 주무셨어요?"라고 인사를 했다. 부모가 농사일을 돌보기 위해 시골에 계실 때는 우체부가 집골목에 들어설 때마다 안위가 염려되어 우뚝 서곤 했다.

세브란스의전 교장으로서 바쁜 일과 중에도 효심은 변함이 없었다. 오긍선의 효성은 어려서부터 몸에 익힌 유가儒家의 생활신조를 변함없이 실천한 데서 비롯되었다. 예부터 유교 가문에서는 생활 규범으로 '출필고 반필면出必告 反必面'을, 곧 자녀들이 외출하거나 들어올 때 반드시 부모에게 문안을 드리도록 가르쳐 왔다. 개화가 되면서 이러한 모습이 많이 퇴색되었지만, 효성이 지극한 오긍선은 이 규범을 끝까지 지켰다. 이러한 생활신조는 유교 윤리와 기독교 정신이 조화를 이룬 생활철학에서 유래되었다고 할 수 있다.

하지만 오긍선은 미국 유학에 관해서는 부모님께 상의를 드리거나 사전 승낙을 얻지 않았다. 그래서 늘 그 일을 마음에 두고 죄스럽게 생각했다. 그는 유학 때 한 달에 한 번씩 문안 편지를 썼다. 오긍선의 아버지는 자식의 편지를 받아 보는 기쁨을 알렉산더에게 보내는 감사 편지에 다음과 같이 썼다.

> 긍선이 편지를 자주 받아보는데, 대할 때마다 드는 기쁜 마음을 어찌 다 헤아릴 수 있겠습니까?　　　　　　　　　　_1903. 9. 18

에비슨의 권유로 유럽을 시찰하던 오긍선은 아버지가 중풍으

회갑기념 가족사진(1938)

로 쓰러지셨다는 전보를 받았다. 전보를 확인하고, 곧바로 다음 일정을 모두 중단하고 돌아온 일화는 두고두고 화제가 되었다.

한편, 오긍선은 14세 때 결혼한 다섯 살 연상의 부인인 박현진과 해로했다. 유교적 전통은 부모가 정해준 배필과 이혼할 수 없다고 불문율처럼 정해져 있지만, 신지식인들은 나이도 많고 교육수준이 맞지 않은 부인과 일생을 함께하는 경우가 흔하지 않았다. 하지만 오긍선은 부모가 정해준 배필과 결혼해 슬하에 5남매를 두었으며, 1945년 4월 29일 사랑하는 아내의 임종을 지켜보

앉다.

　신앙생활을 하면서 독특한 길을 걸었던 오긍선은 가정을 이끌어 가는 데도 다른 기독교 가정에서는 찾아볼 수 없는 특징을 지녔다. 기독교 정신에 의한 자유와 민주적이고 개방적인 일면이 있는가 하면, 유교 윤리인 삼강오륜에 기초를 둔 보수적이고 가부장적인 일면이 있다. '돈은 일만 악의 뿌리다'라는 성서의 한 구절을 좌우명으로 삼아 솔선함으로써 자손들에게 본이 되었다. 이것은 당대의 명의로 명성을 떨치면서도 개업을 하지 않은 것과 의학을 전공한 자손들에게 치부의 수단으로 개업의를 하지 말라는 가훈을 남긴 데서 잘 나타난다.

　돈을 탐하지 말고 조반석죽朝飯夕粥(아침에는 밥을 먹고 저녁에는 죽을 먹는다는 뜻으로, 몹시 가난한 살림 형편을 일컫는다)을 하더라도 의롭게 살아가라는 가르침은 자손들이나 제자들에게 남긴 값진 교훈이 되었다. 세브란스의전 교수로 있던 장남 한영이 시국도 어지럽고 집안 살림도 도울 겸 해서 개업할 의중을 비치자, 오긍선은 "서양 사람들은 남의 나라에 와서 청년 교육을 위해 일생을 바치는데, 장차 우리나라 청년 교육을 외면하고 돈을 벌기 위해 개업을 하겠다는 것은 너무 이기적이다"라며 나무랐다고 한다. 오한영은 그 일이 있고 난 뒤 다시는 개업한다는 이야기를 입 밖에도 내지 않았으며, 아버지의 봉사 정신을 이어 그대로 실천했다.

　후손이 실천하고 있는 좋은 사례는 엄한 가훈에 따라 의사가 된 후 줄곧 국립마산결핵병원장, 국립의료원장 등 공직에 몸을 담았던 장손인 중근重根의 말에서도 확인된다. 오중근은 아들 인환을 의사로 키워 4대째 의사 집안을 이룬 까닭에 가끔 언론에 소개되었다. 하지만, "끼니를 굶지 않으면 됐지 의사가 물욕을 바라면 이미 의사가 아니다"라고 하신 할아버지의 가르침을 따라 개업을 하지 않았다.

오긍선은 자손들의 혼사나 가정의례에 있어 전통적인 유교 관념을 따랐기 때문에 매우 엄격하고 보수적이었다. 자녀들은 물론 손자 손녀들의 혼사에 절대적인 결정권을 행사하며, 한번 결정된 혼인에 대해서는 이혼이나 파혼을 허용하지 않는 가풍을 남겼다고 전해진다. 후손들 사이에는 자녀와 손주들의 배필을 택할 때 집안이나 학벌, 재산 등을 따지지 않고 사람의 됨됨이와 장래성을 보고 혼처를 정했다는 일화가 회자하고 있다.

둘째 사위 최영규는 다음과 같이 술회했다.

그 당시만 하여도 점잖은 집안에서는 대부분 중매결혼이요, 요사이처럼 데이트니 하여 당사자끼리 만난다는 것은 흔하지 않았다. 1931년 여름 어느 날 오긍선 선생이 나를 자택으로 초대했다. (…) 오긍선은 딸을 출가시킴에 있어서 부호나 명문세족을 찾지 않았다. 그래서 사위 세 사람 모두 다 가난하고 어려운 집안 출신임이 특색이다. 첫째 동서 이영준 박사가 그러하고 셋째 동서 최영태 박사가 그러하며 필자 역시 고학으로 학교를 나온 백면서생이었다. 훗날 오긍선 선생이 그 해명을 들려주셨는데 '딸은 부자집이나 영웅호걸에게 주면 일생을 고생하기 쉬운 법이야'라고 하셨다.

이상에서 오긍선이 자녀들의 배우자를 직접 인물 본위로 선택했던 이유를 엿볼 수 있다. 또 오한영의 딸 숙자와 결혼한 이종진 박사는 혼인하게 된 경위를 다음과 같이 밝혔다.

1942년 2월 당시 내가 공부하고 있던 경성제대 약리학 교실의 오사와 大澤 교수가 자기 방으로 오라는 전갈을 그의 비서를 통해서 전해왔다. 연락을 받고 가보니 전혀 알지 못할 점잖은 노인 한 분을 내게 소개시켜 주었다. 오사와 교수는 내가 그 유명한 오긍선 박사와 초면이라는 것을 알고는 오 박사 같은 당대의 의학계 지도자를 여태 모르고 있었느냐고 했을 정도로 그때에 나는 오로지 공부에만 골몰해 있었다. 오 박사는 나를 데리고 대학 구내식당으로 가서 차를 들면서 단도직입적으로 내게 손녀사위가 되어 달라고 말했다. 생각지도 못한 청혼이었다.
당신 댁의 가법으로는 당신 자신이 책임지고 결정하는 일이니 자네만 본인을 만나보고 보름 안으로 가부간 결정하면 된다는 말씀이었다. 나는 이번 혼담이 있기 전에도 몇 차례 혼인 이야기가 있었는데 그때마다 문벌, 학벌, 지방별, 자산 등등을 꼬치꼬치 따지는 통에 비록 박사학위 공부는 마쳤다고 하지만 나 같은 시골 출신 백면서생에다 평양의전 출신은 서울의 이름께나 있다는 집안에서는 망설이곤 해온 터였다. 뒤에 아내에게서 들은 이야기지만 장인인 오한영 박사(당시 세브란스 병원장)를 비롯해서 집안에서는 반대가 적지 않았는데 가풍에 따라 오 박사의 결정에 꼼짝 못하고 복종했다는 것이다.

요즘 사회에서는 일어나기 어려운 일이거니와 그 당시에도 개명한 신식 집안에서는 보기 드문 가풍이었다.

오긍선은 자녀 손들의 정혼 문제에만 엄격한 것이 아니라 결혼한 후에 있을 수 있는 이혼이나 가정 파탄에 대해서도 수범을 보이며 절대로 용납하지 않았다. 일제강점기 때 세브란스의전 교수로 있던 장남이 부인과 뜻이 맞지 않아서 이혼하겠다는 뜻을 내비치자, 오긍선은 태연한 자세로 "그 실은 나도 너의 모母와 의가 좋지 않아서 이혼해야겠는데 이혼에도 선후가 있는 법이야. 내가 먼저 이혼한 다음에 너도 하여라"라고 하여 두 번 다시 이혼 이야기를 꺼내지 못하게 만들었다고 한다.

뿐만 아니라 오긍선은 일찍이 기독교를 신봉하면서도 조상들로부터 이어받은 유교적 관념과 전통적인 윤리 도덕을 저버리지 않고 신구의 조화를 이루는 가풍을 세웠다. 노년에도 성서를 탐독하는 한편 아침마다 논어, 맹자 등을 소리 내어 읽고 옛 한시의 구절을 암송했다.

오긍선이 남긴 가훈과 모든 가르침은 안양 좋은집의 교육지침으로 전해졌으며, 정직, 독립, 봉사로 집약된다. 이 교육지침은 오긍선 사후에 설립 운영된 해송고등학교(현재 양명고등학교)의 교훈으로 사용되기도 했다.

안양기독보육원 내 교회당(1961)

소파상小波賞 수상

1952년 9월, 오긍선은 가슴 아픈 사연이 많았던 피난지에서 안양으로 복귀했다. 휴전협정이 조인되기 전이라 불안한 마음도 있었지만, 휴전회담에 유엔군이 본격적으로 가담한다는 소식을 듣고, 어떤 형식으로든 종전이 될 것이라는 믿음을 가졌다. 1953년 8월 3일에는 판문점에 군사정전위원회가 설치되어 양 진영 사이에 포로 교환이 시작되고, 8월 15일을 기해 정부 각 기관이 임시 수도로 피난한 지 3년 만에 서울로 복귀했다. 오긍선도 피난지 가덕도에서 돌보던 60여 명의 고아를 데리고 안양으로 돌아왔다. 폭격을 당해 폐허가 된 보육원을 돌아보고 다시 한번 슬픔을 삼켰다. 그리고 1·4후퇴 때 피난을 기다리던 중 희생된 20여 명의 어린 유골을 찾아 묻어 주고는 보육원 복구공사를 시작했다.

건축 비용을 충당하기 위해 외국에 있는 지인들과 인근 미군 부대에 도움을 청했다. 오긍선은 손수 타자기를 이용해 일일이 직접 편지를 작성해 보냈다. 이후부터 안양기독보육원에는 하루에 수십 통의 영문편지가 오고 갔으며, 처음에는 별로 반응이 없던 외국 구호 기관과 미군 부대에서도 오긍선의 간곡한 부탁과 봉사 정신에 감복해 구호물자와 금품을 보내왔다.

그러나 국내외 일부 인사로부터 전쟁도 끝나지 않았는데, 서울 인근에서 고아 사업을 확장할 필요가 있냐는 충고도 있었다. 오긍선은 휴전회담이 쉽게 이루어지지도 않고 정부와 중요기관이 여전히 부산과 대구에 그대로 머무는 것을 염려하며 불안해했다. 하지만 복구 작업을 멈추지 않고 진행해 보육원 건물 일부를 1952년 말에 완공했다. 1953년 초에는 인근 미군 공병부대에서 사무실 건물과 어린이용 원사 일부를 맡아 지어주겠다고 자청했다.

1953년 7월 27일, 마침내 휴전협정이 조인되었다. 총성과 포성이 멎었다. 정부 각 기관이 서울로 복귀한 뒤를 이어 국회도 돌아왔다. 차츰 모든 것이 6·25전쟁 이전의 상태가 되면서부터 오긍선은 마음 놓고 보육사업에 정성을 쏟을 수 있었다. 그해 8월에는 어린이 숙소 5동과 교회당 건물이 완공되었다. 오긍선은 보육원 생활 구조를 개편해 1명의 보모 아래 14~15명의 원아가 한 숙소에서 가족적인 형태로 생활할 수 있도록 했다.

보육원이 얼마만큼 정리되자 타자치는 소리가 자주 들리기 시작했다. 오긍선은 보육원에 도움을 준 외국기관과 국내외 인사들에게 보내는 고아들의 편지를 직접 번역하고 타자를 쳐서 우편으로 보냈다. 피난지에서 복귀한 직후에는 원조를 요청하는 편지를 보내느라, 원조를 받은 후에는 고맙다는 편지를 보내느라 쉴 새 없이 타자를 쳤다. 보육원을 찾는 사람들은 언제나 타자기 앞에 꼿꼿하게 앉아 타자를 치고 있는 오긍선의 모습을 볼 수 있었다. 6·25전쟁 직후 보사부 장관과 문교부 장관을 역임한 최재유 박사는 다음과 같이 회고했다.

전쟁이 끝난 후 어느 더운 여름날 보사부장관직에 있던 본인이 공무로 안양에 갔던 길에 불시에 오긍선 선생께서 경영하시는 고아원을

보육원 가족과 함께(1959)

방문한 적이 있다. 그때 더운 여름날인데도 선생께서는 사무실에서 사환 아이 한 명 있을 뿐 손수 사무를 처리하시며 영문 타이프를 손수 한 자 한 자 타자하시는 것을 직접 목격한 일이 있는데 선생께서는 타자수 한 사람에 대한 인건비를 절약하셔서 고아원 경비에 유효하게 사용하신다는 것을 설명하여 주셨다. 나는 여기서 보통 사람이 모방할 수 없는 선생의 고매한 인격과 봉사 정신을 엿볼 수 있었으며 큰 교훈을 받은 바 있다.

그뿐 아니라 오긍선은 6·25전쟁 직후 외부 기관에서 보내온 구호 물품을 단 한 점도 유출하거나 운영비 마련을 위해 처분하지 않았다. 오롯이 원아만을 위해 사용했다. 평소 보육원의 토지와 건물, 그밖에 모든 시설과 물자가 모두 아이들의 것이라고 입버릇처럼 말했다고 한다. 자신의 전 재산을 들여 국내 최대의 보육원을 이룩한 이후에도 사무직원 한 사람 제대로 두지 않고 생애를 마칠 때까지 손수 타자하며 업무를 일일이 다 처리했다.

오긍선의 노후 활동에 대해 학생 때부터 가까이서 지켜본 외손녀인 최숙경(전 이화여대 교수)은 『연세춘추』에 연재한 「연세 혈맥 - 오긍선 편」에서 다음과 같이 소개했다.

그 터전의 모든 것을 그는 '아이들 것'이라고 표현했고 실제로 그렇게 실천했다. 따라서 해방 후 자칫 사회사업이 영리사업 시 되는 분위기 속에서 그 보육원(안양기독보육원을 지칭함)만은 보육원이 서야 할 제자리를 지킬 수 있었던 것이다.
6·25전란 후 그곳을 찾은 필자가 감명을 받은 사실은 커다란 창고에 구호의류가 산더미처럼 쌓였고 전문 재봉사가 있어 그것을 각 원아에게 맞도록 개조하고 있던 일이다. 구호의류가 시장에 범람했던 그 시절에 그것이 보낸 사람의 의사대로 온전히 '아이들 것'이 되어가고 있는 이 정상이 필자에게 감명을 준 것은 당시의 상식을 넘는 비정상적인 세태의 탓만 이었다고 하지 못할 그 무엇이 있었다.
부산 시절, 안양 시절에 그는 비서 한 사람 없이 고아를 위해 노상 타이프에 앉아 있었다. 전시 미국을 위시한 우방의 후원으로 고아들을 위한 외국과의 서신 연락이 많았으며 고아들의 자선가에 대한 감사편지를 일일이 영역하여 혼자 타이핑하여 보내기 위함이었다. 팔순이 넘었을 때도 일의 분주함에 대해 말한 적이 없었고 피곤하다는 말 한 번 없이 묵묵히 타이핑하던 모습이 두고두고 뇌리에서 사라지지 않는다.

오긍선은 명예와 사리사욕을 초월한 사회사업가였으며, 의지할 곳 없는 천애의 고아들을 위해 노후의 모든 정열을 쏟은 봉사자였다.

1962년 11월 15일 안양기독보육원에는 수십 대의 승용차와 많은 인파가 몰려들었다. 3백여 명의 인파가 들어찬 강당에서는 백발이 성성한 노인에게 상패를 전달하고, 연이어 축하의 인사말과 음악소리가 박수갈채 속에 계속 흘러나왔다. 고아 양육 사업을 시작해 40여 년에 걸쳐 수천의 고아를 기른 오긍선에게 소파상이 수여되는 시상식 광경이었다.

소파상은 새싹회(대표 윤석중)에서 1957년에 한국의 어린이 보호 운동을 처음으로 시작한 소파小波 방정환을 기념해 제정한 상이다. 고아들의 아버지로 추앙을 받고 있던 오긍선은 제6회 소파상 수상자로 선정되어 그 상을 받았다. 오긍선에게 소파상이 주어진 것은 시상문에서 밝히고 있듯이, 고아 보육사업을 개척한 공로를 높이 치하하고 기리기 위해서였다. 다음은 오긍선의 업적을 명기한 시상문의 내용이다.

소파상 수상(1962)

1962년도 소파상을 우리나라 고아 보육사업의 선구자 오긍선 박사에게 드림

3·1운동이 터진 1919년에 사재를 기울여 경성보육원을 설립하신 뒤 오늘날의 안양기독보육원에 이르기까지 우리나라 고아 보육사업에 44년 동안 이바지하고 계신 오긍선 박사(연세 85세. 1878년 10월 4일 공주 태생으로 현재 안양에 사심)께 1962년도 소파상을 드리기로 했습니다.

논, 밭, 산판, 양어장 등 147,359평과 집 882평 1합으로 재단법인 체인 안양기독보육원은 현재 152명(남자 81명, 여자 71명)이며 따로 스무 명의 양아養兒를 거느리고 계시고 그중 120명(초등학교에 60명, 중학교에 35명, 고등학교에 25명)이 학교에 다니고 있으며 이 보육원을 거쳐 나온 고아의 수는 2,400명이 넘는다고 합니다.

또한, 오 박사께서는 우리나라 의사면허 제1호를 지니신 분으로 손수 병을 고쳐주신 어린이도 그 수를 헤아릴 수 없습니다.

오긍선은 소파상 수상 소감을 '고마워요 고마워…'라는 말로 대신하고, 자라난 2,400여 명의 아이들이 사회에 나가서 떳떳이 일하고 또 그들의 자식들이 같은 불행을 겪지 않게 되는 날을 위해 정성을 들였을 뿐이라고 했다.

각 매스컴에서는 오긍선에게 소파상이 주어지자 '고아와 울고 웃은 반평생 – 돈과 권세에도 끝내 외면하고'(『조선일보』), '62년도 소파상 – 고아의 아버지 오긍선 박사'(『한국일보』), '고아들의 산타클로스 오긍선 박사'(『서울신문』) 등의 제목으로 대서특필하며, 수상을 축하했다. 자택을 찾은 축하객들에게 "헤어진 소파를 또 만나게 될 줄은 몰랐네그려"라고 겸손해하면서 소파 방정환과의 인연을 이야기했다.

스물한 살이나 위인 오긍선은 1922년 5월 1일, 어린이날을 제정한 것을 기념하기 위해 창경궁에서 열린 보육 아동 위안 잔치에서 소파를 처음 만났다. 당시 세브란스의전 교수로 재직하면서 경성보육원을 운영하고 있던 오긍선은 보육원 원아들과 함께 잔치 자리에 참석했다. 그 자리에서 색동회 회장 겸 『샛별』지 주간을 맡은 방정환과 오긍선의 인연이 시작됐다. 그 후 두 사람은 어린이 보호를 위한 일을 위해 만남을 계속 가졌다. 그리고 오긍선은 의사로서 병석에 누운 방정환을 여러 차례 찾아갔다. 하지만 방정환은 1931년 33세로 요절하고 말았다. 그래서 오긍선은 "소파는 가고 나는 남아 그의 상을 받다니!" 하면서 망연히 감회에 잠기기도 했다.

수상식이 있고 난 뒤 어느 신문에서는 사설을 통해 「오긍선 박사는 진실한 자선가다 - 그의 숭고한 희생정신은 애국의 표본이다」라고까지 극찬했다. 오긍선은 그동안 많은 공로 표창과 명예로운 증서를 여럿 받았는데, 소파상은 생애 마지막에 받은 상이다.

기라성 같은 제자들

오긍선이 세브란스의전 교수로 부임하던 1913년엔 졸업생이 단 한 사람도 없었다. 그해까지 졸업생은 정규 의학교로 발족한 이후 1908년 처음 배출된 7명과 3년 후인 1911년에 졸업한 2회 졸업생 6명 등 모두 13명이다.

세브란스의전은 1945년까지 910명의 졸업생을 배출했다. 이들 가운데 13명(1, 2회 졸업생)을 제외한 대부분의 학생은 오긍선의 강의와 지도를 직접 듣고, 받았다. 이들의 대다수는 의학계와 의료계에서 활약했으며, 그중에는 교육계, 정계, 관계, 문화계 등 사회 각계각층에서 눈부신 두각을 나타낸 이들도 있다.

관계에 진출한 이들을 보면, 3·1독립운동 때 세브란스 학생대표로 참가해 옥고를 치렀던 이용설(1919년 졸업)이 해방 직후 과도정부 보건후생부장을 역임한 것을 비롯해 2대 보건부 장관에 오한영, 보건부 차관을 거쳐 3대 보건부 장관과 초대 보건사회부 장관 및 6대 문교부 장관을 역임한 최재유(1929년 졸업), 보건부 차관과 문교부 장관을 역임한 정진욱(1936년 졸업), 그리고 11대 보건사회부 장관에 발탁된 오원선(1944년 졸업)이 각료로 활약했다. 차관급으로는 문교부 차관을 지낸 고병간(1925년 졸업)과 보건사회부 차관 이병학(1941년 졸업)이 있다.

정계에 진출한 이는 우선 한민당 재정부장을 역임하면서 제헌국회의원(4대, 5대, 6대)에 당선되어 국회부의장까지 올랐던 이영준(1927년 졸업), 자유당 당무위원을 역임한 정기변(1926년 졸업) 등을 들 수 있다. 또 2~4대 국회의원과 국회부의장을 지낸 조경규(1932년 졸업), 2대 국회에 이용설, 제헌국회 때 송봉해(1923년 졸업), 7대 국회의원 선거 때 오원선이 각각 진출했다.

교육계에서 활약한 이는 경북대학교 총장(2차 중임)과 연세대학교 총장을 역임한 고병간을 필두로 연세대학교 의무부총장과 한양대학교 총장을 역임한 이병희(1935년 졸업), 연세대학교 총장과 대학원장을 역임한 이우주(1941년 졸업) 등이 있다. 그리고 연세대학교 의무부총장을 김명선(1925년 졸업), 조동수(1931년 졸업), 이병희, 민광식(1936년 졸업), 김효규(1941년 졸업) 등이 차례로 역임했다. 문병기(1942년 졸업)는 이화여대 부총장을, 문창모(1931년 졸업)는 국제대학 학장을 지냈다. 오긍선의 뒤를 이어 세브란스학교장을 지냈거나 연희대학과 통합 이후 학장을 역임한 면면을 보면, 류준柳駿을 제외한 거의 모두가 그의 문하에서 수학한 이들이다. 즉 오긍선의 뒤를 이어받은 3대 교장 이영준을 비롯해 최동(4대, 이때부터 의과대학으로 승격되어 학장으로 불림), 이용설(5대), 김명선(6대), 조동수(7대), 이병희(8대, 10대), 이병현(9대), 민광식(11대), 이보영(12대), 양재모(13대) 등으로 역대 학장으로서 괄목할 만한 활동을 보였다.

또한, 병원장을 역임한 후진들도 세브란스 출신의 당대 중진들이다. 오긍선이 교장이 되면서 발탁한 이영준(8대)을 비롯해 윤치왕(9대), 오한영(10대), 이학송(11대), 최재유(12대), 정기섭(13대), 문창모(14대), 이용설(15대), 고병간(16대), 임의선(17대), 김효규(18대) 등 해외에서 수학한 윤치왕을 제외하면 전원이 오긍선의 지도를 받았다. 이들 중에는 4명의 장·차관과 2명의 국회의원이 배출되었다.

이처럼 해방 이후 세브란스 출신들의 정계와 관계 진출이 두드러진 것은 미션계 학교라는 이점도 있었지만, 일제강점기 때 경성의전, 경성제대 의학부와 견줄 수 있는 교육기관으로 육성시킨 오긍선의 공적을 도외시할 수 없다. 오긍선은 에비슨에 이어 한국인 교수 양성과 영입에 공을 들였다. 그 결과 해방 후 관립대학에 근무하던 일본인 교수들이 대거 퇴거했을 때 세브란스에 근무하던 한국인 교수들이 빈자리를 보충할 수 있었다. 이 모두는 인재 양성을 중요시한 오긍선의 역할이 있었기 때문이다.

일제 말기까지 세브란스 교수로 있던 윤일선, 심호섭, 윤치왕, 정일천 등은 해방 직후 서울대학교 의과대학 교수로, 심호섭은 학장, 윤치왕은 병원장으로 발탁되었다. 윤일선은 의대학장, 대학원장, 총장 등을 차례로 역임하면서 새로 발족한 국립서울대학교 육성에 일익을 담당했다.

한편, 세브란스에 있다가 대구의전 교장으로 발탁된 고병간도 종합대학인 경북대학교가 발족하자, 초대, 2대 총장을 연임하면서 크게 활약했다.

보건 의료계에서도 세브란스 출신들의 활약은 괄목할만하다. 대한의학협회장과 결핵협회장을 역임한 조동수를 비롯해 병원협회장을 역임한 임정섭(1930년 졸업), 나협회장癩協會長과 의협醫協 대의원회의장을 지낸 오원선, 기생충박멸협회장을 역임한 이영춘(1929년), 대한가족협회 이사장을 역임한 후 회장직을 맡은 양재모, 산업보건협회장 최영태, 국제보건연구원장을 지낸 윤유선, 서울시 의사회장을 지낸 박용래(1925년)가 그들이다.

경찰병원장을 역임한 이영준(1927년 졸업), 국립의료원장을 지낸 유기원(1931년 졸업), 차윤근(1942년 졸업), 의료보험관리공단 이사장을 지낸 나도헌(1945년 졸업) 등도 오긍선의 지도를 받았다.

시·도 의사회장을 지낸 이들이 많이 있다. 익산시의사회장을 역임한 김영소(1938년 졸업)와 이종덕(1936년 졸업)을 비롯해 강원도의사회장 홍순철(1934년 졸업), 한희철(1943년 졸업), 경기도의사회장 이병직(1943년 졸업), 충남도의사회장 류동현(1932년 졸업), 민병구(1947년 졸업), 충북도의사회장 신필수(1941년 졸업), 김기복(1942년 졸업), 제주도의사회장 홍순억(1935년 졸업), 박영훈(1941년 졸업) 등이 있다.

그리고 철기鐵驥기념사업회 이사장 박용준(1919년 졸업), 흥사단 이사장 이용설, 시나리오 작가 겸 영화평론가로 널리 알려진 유한철(1938년 졸업), 수필가로 활약한 최신해(1941년 졸업), 중동고등학교 이사장 최성장(1932년 졸업), 경남일보 사장 김윤양(1944년 졸업), 사진작가로 활동한 이순흥(1945년 졸업) 등이 문화, 언론계 등 사회 각계에서 활약했다.

이상에서 살펴본 바와 같이, 오긍선이 세브란스의전에서 길러낸 제자들은 해방 후 나라 정관계, 학계, 문화예술계 등 제 분야에서 눈부신 활약을 함으로써 모교와 은사의 명예를 빛냈다.

국내 최대의 의사 가족

오긍선이 배재학당을 다닐 때 재학시절에 출생한 장남 한영은 세브란스의전(1923년 졸업)을 졸업하고 미국 에모리대학 의대, 일본 교토제국대학 의학부에서 공부했다. 세브란스의전 교수와 병원장, 국립경찰병원장을 역임하다가 정부 수립 직후 제2대 보건부 장관을 역임했다.

그리고 의료선교사 시절에 출생한 차남 진영은 경성제대 법문학부(1934년 졸업)에서 사학과 법학을 전공한 후 뒷날 우석대학에 병합된 국학대학 교수와 교무차장을 지냈다. 감찰위원회 감찰관, 주일 대표부 상무관 겸 교민부장, 홍익대학 교수를 역임하다가 선친의 유업을 따라 안양기독보육원을 맡아서 운영했다.

오긍선이 미국으로 유학을 떠나기 직전에 출생한 장녀 성순은 오긍선의 제자로 훗날 국립경찰병원장을 역임한 이영준과 결혼해 삼형제를 두었으며, 차녀 기순은 주택공사 이사를 지낸 최영규와 결혼해 5남매를 두었다. 또 삼녀 삼순은 최영태와 결혼해 자매를 두었으나, 해방 직후 요절했다. 최영태 역시 세브란스의전 출신으로 세브란스의전 교수와 가톨릭의대 교수, 대한산업보건협회 회장을 역임했다.

그리고 한영은 어윤자魚潤子(구한국 시종무관장 어택 대장의 여동생)와 결혼해 2남 2녀를 두었다. 그의 맏아들 중근은 연세대학교 의과대학을 졸업한 후 국립의료원 의무관을 거쳐 국립마산결핵병원장을 지냈다. 차남 장근 역시 연세대학교 의과대학을 졸업하고

오긍선의 가계도

* =는 배우자 관계를 뜻하며, 파란색으로 표시한 인물은 의사이다.

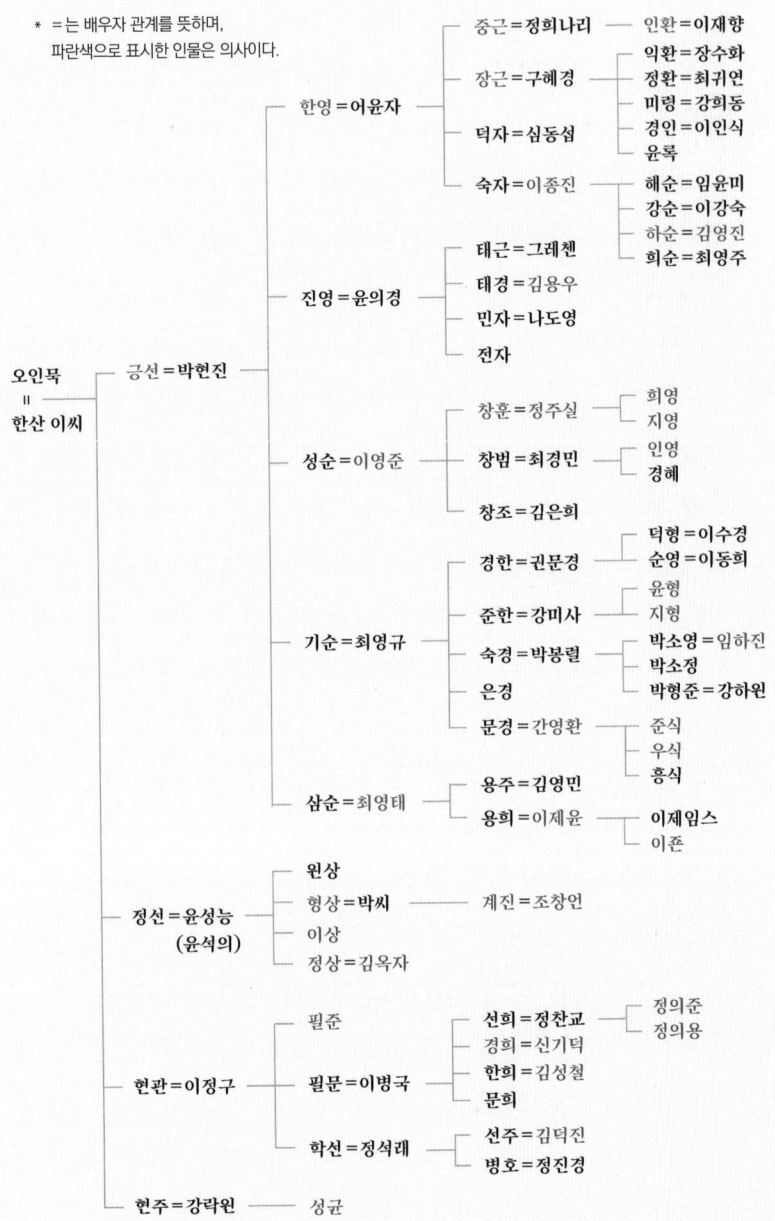

국립서울병원장을 역임했다. 장녀 덕자는 심동섭과 결혼했으며, 차녀 숙자는 평양의전을 졸업한 이종진과 결혼해 2남 2녀를 두었다.

오긍선의 가계를 계승한 장손 중근은 부인 정희나리와의 사이에 3남매를 두었다. 그중 장남 인환은 서울대학교 의과대학을 졸업하고, 미국 뉴저지 주립대학에서 의학을 연구함으로써 4대째 이어지는 의사 가문을 이루었다. 현재까지 후손 가운데 의학 분야에서 일한 이는 40여 명에 이른다.

회고

합동통신사 회장이던 김동성 씨는 오긍선의 서거 소식을 접하고 다음과 같은 글로 추모했다.

우리나라 최초의 양의洋醫인 오긍선 박사는 노환으로 필경 별세했다. 돌이켜보면 인술에 있어 오 박사와 같이 일생을 공헌한 분이 다시 없다. 미국 유학생으로서 오 박사는 넷째인가 한다. 서재필 씨는 갑신정변 후에 제일 먼저 갔고, 윤치호 씨는 그 다음이었으며, 백상규 씨는 1905년 브라운대학을 졸업했고, 오긍선 씨는 1907년 캔터키 센트럴대학교 의과대학(루이빌대학 전신)을 졸업했다. 서양 의학을 우리나라에서 누구보다 먼저 실시한 선구자는 오 박사이다. 아들 손자子興孫들 역시 인술을 오 박사에게서 계승했다. (…)

이조 5백년 동안 정치 파당 싸움만 하여왔던 습관으로 우리 겨레는 대개 정치에 흥미를 갖고 정치가로 자임하는 폐단이 없지 않다. 그런데 오 박사는 자기 직책인 인술로 자선사업에만 충실했다.

이북으로 납치된 양주삼梁柱三 씨는 종교사업에만 충실했고 정치적 사건에 일체 간여하지 않았다. 그는 감리교 최초의 감독으로 피선되었다. 오 박사와 양 감독은 우리 사회에 쌍벽을 이루는 분으로 한 분은 인술과 육영사업에서, 한 분은 종교계에서 솔선 활약한 영도자이다. 우리 사회는 이런 분의 희생적 업적으로 기초를 공고히 했다. 자연을 막을 수 없어 세상을 이별하나 그 업적은 우리 겨레의 장래를 북돋아 주는 것이다. _『동아일보』, 1963. 5. 20

오긍선 박사는 1963년 5월 18일 낮 10시 둘째 아들의 집에서 향년 86세를 일기로 세상을 떠났다. 가족이 권하는 입원 치료를 거절하고 며칠 동안 정신이 흐릿한 채 지내던 중 당일 아침에 "내이 여관에 와서 오랫동안 신세를 많이 졌소. 나는 이제 내 집으로 돌아가야 하겠소" 하며 아무 유언도 남기지 않은 채 삶과 죽음을 달관한 듯 웃는 모습으로 가족의 곁을 떠났다고 한다.

오긍선은 민족의 수난 시대에 자신의 이름처럼 강인한 의지와 소신을 지혜롭게 처신하며(兢), 항상 어려운 처지에 있는 이웃을 섬기는 삶을 살았다(善). 이와 같은 삶은 일찍이 신학문에 눈을 뜨고, 또 의사가 되겠다는 의지를 세워 미국 유학에 나섬에서부터 시작된 것으로, 개화기의 선구자로 기억될만한 발자국을 남겼다. 오긍선은 의학의 대중화를 꾀하여 사람들의 질병으로 인한 고통을 줄이는 한편 사회사업을 통해 고아와 무의탁 노인들을 보살피는 일에 진력했다.

충청도 산골 마을에서 태어나 미국 유학을 마친 그는 30세부터 6년간 의료선교사로, 29년간 세브란스연합의학전문학교 교수로, 그리고 퇴임 후에는 20여 년간 고아를 돌보는 일에 정열을 쏟다가 40여 명의 자손과 일백여 명의 보육원 원아들을 남겨두고 조용히 눈을 감았다.

오긍선은 생존 시 자신의 공적에 대한 찬양이나 포상을 무척 꺼렸다. 하지만 그에게 여러 차례의 공로 표창과 세 개의 명예박사 학위가 주어졌다. 사회사업에 대한 공적으로 1952년 2월 사회부장관 공로 표창을 받은 것을 비롯해 1955년에는 보건사회부 장관과 서울시장으로부터 공로 표창을 받았으며, 1957년에는 경기도지사로부터 사회사업 공로 표창을 받았다.

그리고 일제 치하에서 세브란스의전을 일본인 손에 넘기지 않고 지켜낸 오긍선은 한국전쟁 직후 서울여의대(우석대학 전신, 현재 고려대학교 의과대학)의 재단이사(1951)로 초빙되었다. 폐교될 위기에 놓인 서울여의대의 운영난을 해소하고 의학교육에 이바지한 공으로 1955년 11월 대한의학협회로부터 교육공로 표창을 받았다. 거의 같은 시기에 연희대학과 통합 직전의 세브란스의대로부터 공로 표창을 받기도 했다.

1955년 11월 19일, 서울대학교 의과대학에서 해방 10주년을 기념하기 위한 의협 학술대회가 열렸다. 이때 오긍선은 처음이자 마지막으로 의학계의 모임에 참석했다. 그 자리에서 오긍선은 의

명예박사 학위 수여 기사(1937)

학교육 공로상을 받았고, 심호섭은 국민보건 공로상, 윤일선은 학술연구 공로상을 받았다. 일제강점기에 세브란스를 이끌었던 3인의 주역들이 함께 표창을 받아 더욱 감격스러웠고 참석자들도 흐뭇해했다.

세브란스의전 교장에 취임하면서 미국에 있는 두 모교로부터 명예 이학박사와 명예 법학박사 학위를 받았다. 그 후 1962년 8월 연세대학교에서 명예 법학박사 학위를 받았으며, 같은 달 정부로부터 광복절기념 공익포장을, 11월에는 소파상을 받았다. 이에 앞서 1961년 4월에는 육군대학 총장으로부터 건군 교육에 대한 공로감사장을 받았다.

  생전에 받은 각종 표창이나 포장襃章도 값진 것이지만, 서거 석 달 후에 대한민국 국민으로서 받을 수 있는 최고의 공로상이 주어졌다. 대한민국 정부는 1963년 8월 10일 우리나라의 교육문화 창달에 공적이 많은 인사에게 대한민국장, 대통령장, 국민장, 문화포장을 수여하는 새로운 제도를 마련했다. 이에 따라 정부는 광복 제18주년 기념식 행사장에서 오긍선에게 영광의 대한민국장을 추서했다.

2부

기록 속 오긍선

추모의 글
편지
신문·잡지 기사

- 추모의 글은 『해관 오긍선』(1977) 제2부, 제3부에 실린 글 중에서 발췌했다.
- 추모의 글, 신문·잡지 기사는 정운형이 윤문했다.
- 편지는 정운형이 번역했다.

추모의 글

해관 오긍선 선생과 나
윤일선(尹日善, 전 서울대학교 총장)

오긍선 선생을 1926년 여름에 종로 YMCA 앞에서 뵈었다. 세브란스의전에 와서 병리학을 강의해 달라고 하셨다. 매주 몇 시간 시간강사로 나가게 되었다.

당시 종로 YMCA 맞은편 관철동에 백합원이라는 서양식당이 있었다. 백합원은 양주삼 씨, 백상규 씨, 홍석후 씨, 오긍선 씨, 유억겸 씨, 구자옥 씨 등이 이따금 어울려 점심식사를 했다. 나도 말석에 앉아 맛있는 옥스테일 스프Oxtail soup를 먹으며 백상규 씨와 이원철 박사의 재치 있는 영어에 대한 잡담을 들었다. 토요일 점심때는 마쓰우라松浦 경성제대 총장이 혼자 다녀가곤 했다.

1928년엔가 오 선생이 나에게 세브란스의전의 전임교수로 오라고 했다. 경성제대 조교수이고, 교토대학에서 학위도 받은 터라 흔쾌히 응했다.

1929년 4월 세브란스의전으로 자리를 옮겼다. 부교장인 오 선생과 상의하며 도서실과 병리실을 꾸리고 차리는 일을 진행했다. 얼마 후 학삼을 맡아달라는 요청을 받고, 1931년부터 매일 교무일과 강의, 실습, 연구 등 10년간 바쁜 나날을 보냈다. 냉천동에 살고 있었던 나는 학교 가는 길에 충정로 오 선생 댁에 들러, 보고하거나 상의한 적이 많았다. 어려운 일이 있을 때는 밤에도 찾아갔다. 그때마다 항상 강경한 태도로 가르쳐 주시고 격려해주셨다.

1934년대 봄에 오 교장과 동경에 있는 일본 문부성을 방문해, 의학 관계 시학위원을 만나 교섭을 벌여 문부성 지정을 받아냈다. 1935년에 졸업한 윤유선 군 반부터 다른 관립의학전문학교나 경성제국대학 의학부 졸업생과 같이 일본 내무성 의사면허증을 받게 되었다. 오긍선 선생이 노력한 덕이었다.

오 선생은 1937년 봄 어느 날 나를 불러, 3천 원을 지원할 테니 유럽 시찰을 다녀오라고 하셨다. 나는 4월 15일, 이용설 씨와 조동협 군과 함께 서울역을 출발해 부산으로 가서 시모노세키下關로 갔다. 이탈리아, 스위스, 오스트리아를 거쳐 독일로 들어가 베를린대학 병리교실에서 요시다 토미조吉田富三 교수 등과 같이 연구했다. 그리고 덴마크, 스웨덴, 벨기에, 영국을 돌아보고 미국으로 건너가 각 대학의 의과대학 병리교실과 암연구소를 돌아보았다.

오 교장은 교수들을 일본 각 대학에 보내 연구하게 하거나, 본교에서 연구한 결과를 발표하게 함으로써, 일본은 물론 유럽 학계에 이르기까지 세브란스를 널리 알렸다.

나는 오 선생 밑에서 가르치고, 일하고 연구한 것을 영광으로 생각하며, 20년간 세브란스서 일하고 연구한 것을 큰 자랑으로 여기며, 오 교장과 세브란스에 감사하는 바이다.

해관 선생에 관한 나의 회상

조용만(趙容萬, 전 고려대학교 교수)

해관 오긍선 선생을 일곱, 여덟 살 때 처음 뵈었다. 널다리골(지교동, 현재 장사동)에 살고 있었을 때다. 오래전에 종로3가, 단성사 남쪽 큰길 건너 뒷골목에 널판때기로 다리를 놓았는데, 그 이후 골목 이름을 널다리 골목이라고 불렀다. 정확하게 말하면 장사동 22번지, 사랑 뜰에 큰 능금나무가 있는 오십 칸이 넘는 집에서, 조부모와 아버지 형제들이 동거하고 있었다.

우리 집은 일찍 개화해, 둘째 숙부는 중국어, 셋째 숙부는 프랑스어 그리고 나의 아버지는 영어를 각각 배웠다. 그래서 아버지 친구 중에는 영어를 배운 사람들이 많았다. 나라가 망해 영어를 쓸 곳이 없었고, 이런 울분을 달래기 위해서 몇몇 친구들이 모여서 토요구락부를 조직했다. 토요구락부 회원은 정동에 있는 모리스 상회의 지배인 이명원, 세브란스의전 피부비뇨기과 교수 오긍선, 이비인후과 교수 홍석후, 내과 조교수 박서양, 중앙기독교청년회 총무 육정수, 다음으로 중추원 참의인 이항직 선생, 세브란스병원 지배인 송언용, 그리고 우리 아버지 등이었다. 나라가 망하면 벼슬아치의 집안도 쇠퇴하는 것인지, 그때 우리 집은 날로 기울어 가고 있었다. 숙부들이 주색으로 재산을 탕진했기 때문이었다. 그래서 조부는 자손들의 교우에 대한 감독이 엄중해 친구들이 몰려드는 것을 몹시 경계하셨다. 이 때문에 토요구락부 회원들이 우리 집에 오기를 꺼렸다. 대신 토요일 오후가 되면 회원 중 누군가가 나를 불러냈다. 토요일 오후에 내가 집에 기다리고 있노라면, 골목 밖에 있는 구멍가게 집 돌쇠가 나를 부르러 온다. 돌쇠를 따라 가게 앞으로 가면 키 작고 얼굴이 얽으신 이명원 선생이 서 계시다가 웃으시면서 내게 2전 5리짜리 삼영유과森永乳菓 한 갑과 종이쪽지를 주신다. 유과는 심부름 값이고, 종이쪽지는 아버지에게 갈 비밀 통지서다.

아버지는 이 통지서를 보고 할아버지 몰래 집을 빠져나갔다. 혹시 못 나간다든지, 늦게 나가게 될 때에는 쪽지를 써 주며, 이 선생에게 전하라고 하셨다. 나는 쪽지를 가지고 뛰어서 단성사 위에 있는 김백련 목공장으로 갔다. 이 목공장에는 좋은 응접실이 있어서, 거기서 여러분들이 기다리고 있었다. 대개 이명원 선생, 오긍선 선생 등 서너 분이 계시다가 내가 전하는 쪽지를 보시고 폭소를 터뜨리셨다.

"허허 골샌님 같으니!"

할아버지가 무서워 못 나간다든지, 늦으니 먼저 가있으라고 했을 때에 나오는 폭소였다. 나는 유과 맛에 신이 나서 이 심부름을 하였다.

우리가 단성사 위 돈의동으로 따로 살림을 난 뒤부터는 집에서 여러 분들이 모이실 때가 많았다. 아무 술집에나 가시지 않고 깊숙이 들어앉은 '앉은 술집' 같은 곳을 다니셨다. 그렇지 않으면 회원들의 집을 차례로 돌아가면서 모임을 했다.

오 선생은 얼굴이 다소 긴 편이고 불그레하셨는데, 매우 자상한 양반이시라는 인상이 깊게 남아있다. 그때가 40전 후의 시절이었을 것이다.

요즈음은 술을 마시면 떠들어대고 주정을 하지만, 그때에는 간간이 웃음소리만 들렸고, 점잖게 조용히 마셨다. 그렇다고 술의 양이 적었느냐고 하면 그렇지 않다. 술의 질이 좋았고, 안주가 좋았고, 또 술 마시는 법이 순배라고 하는 옛날 법칙이 있어서 함부로 쭉쭉 들이키는 것이 아니라, 천천히 잔을 돌려가면서 마시게 됨으로 얼른 취하지 않았다. 밤이 늦어서 역시 열한 시에 돌아가실 때에도 모두들 몸가짐을 흐트러뜨리지 않고 단정한 모습으로 행동하시는 것을 보고, 나는 술이란 저렇게 마시는 것이구나 하고 생각하였다.

  오 선생은 인력거에 타시면 반드시 앞의 검은 휘장을 내리게 하셨다. 행여나 사람들이 술 취한 모습을 볼까보아서 그러시는 것 같았다. 이렇게 근엄한 분이었다.

* 회고글 중 '세터데이 · 클럽: 토요구락부' 부분만 옮겼다.

은사 해관 오긍선 선생을 추모하며

최재유(崔在裕, 전 문교부장관)

금번 은사이신 해관 오긍선 선생의 탄생 1백 주년을 맞이하여, 남기신 높은 뜻과 크신 공적을 추모하기 위하여 여러 가지 기념사업을 계획한 데 대하여 심심한 축의를 표하는 바이다. 제자 된 사람이 스승의 학문과 인격에 대하여 글을 쓴다는 것은 매우 어려운 일이다. 더욱이 천학비재淺學菲才(학식이 얕고 재주가 보잘 것 없음)인 나로서는 아무리 정성껏 쓴 글이라도 오히려 스승의 학덕과 인격에 그릇된 인상을 남길까 두려움이 앞선다. 다만 모시고 있던 때를 생각나는 대로 몇 자 적어 선생께서 남기신 발자취를 나름대로 회고해 볼까 한다.

세브란스가 한 많은 한말韓末의 역사 속에서 태어난 지도 90주년이 넘었다. 그 파란 많았던 연륜을 돌아보고 오늘날의 세브란스를 생각하면 격세지감이 든다. 격동의 세월 속에 세브란스가 이처럼 발전할 수 있었던 것은 기초를 든든히 쌓으신 분들이 계셨기 때문이다. 그 가운데 한 분이 바로 은사이신 해관 오긍선 선생이시다.

선생께서는 부모님께 대한 효성이 지극하셨을 뿐 아니라, 일상의 생활을 매우 검소하게 지내셨다. 인간 생활에 있어 검소한 생활이 얼마나 인격도야의 근본이 되는가를, 더욱이 당시 우리나라 상황에서 민족적 투쟁을 위해서도 절대 필요한 것이 검소함이라고, 종종 제자들에게 말씀하셨고 몸소 실천하셨다.

선생이 유럽 여행에서 귀국하셨을 때였다. 서울역에 마중 나온 많은 환영객과 인사를 나눈 후 전차정류장(현재 서울역 파출소 앞에 있었음)으로 걸어가셨다. 그리고 전차를 타고 자택으로 가셨다. 많은 사람이 그 모습을 보고 경탄을 금치 못했다. 택시를 타지 않고 전차를 이용하시는, 검소한 삶의 모습을 보여 준 것이었다.

또한, 그분은 매우 부지런하시고 자상하신 모습으로 우리에게 큰 교훈을 주셨다. 누구에게서든지 받은 편지에는 반드시 답신을 하셨다. 유럽을 여행하시는 중에도 세브란스 교직원, 졸업생들 거의가 안부편지를 받았다.

당시에는 사회사업, 특히 고아사업이 일반인에게 인식되지 못한 시대였다. 선생은 그런 중에 몇몇 유지와 함께 고아사업을 시작해 작고하실 때까지 계속하셨다. 이러한 사업을 수십 년 전에 시작하신 선생의 선견지명과 불우아동에 대한 깊은 사랑에는 그저 고개가 수그러질 뿐이다. 실제로 고아사업은 무한한 인내와 시종여일한 성의와 자기희생, 기독교적 사랑없이는 감당하기 어려운 사업이다.

6·25동란 후 어느 더운 여름날, 보사부장관직에 있던 나는 공무를 위해 안양에 갔던 길에 선생께서 경영하시는 고아원을 방문한 적이 있다. 선생께서 사무실에서 손수 사무를 처리하시며, 영문 타이프를 치고 계셨다. 사무실에는 심부름을 하는 아이가 한 명 있을 뿐이었다. 선생은 타자수 한 사람에 대한 인건비를 절약해서 고아원 경비에 유효하게 사용한다는 것을 설명해 주셨다. 나는 거기서 도저히 다른 사람이 흉내낼 수 없는 선생의 고매한 인격과 덕망을 엿볼 수 있었으며, 큰 교훈을 받았다.

선생은 학생들을 교육하시는 데 대단히 엄격하셨다. 그래서 선생의 강의 시간이 되면 어떤 예상하지 못한 질문이 있을까 전전긍긍하곤 했다. 그리고 매독 치료제인 살바르산을 언급하실 때면 우리나라에도 매독에 비소 요법이 있었지만, 연구를 게을리한 결과 비소의 일종인 살바르산의 발명을 외국인에게 빼앗겼다며, 연구에 분발할 것을 촉구하셨다.

한 번은 당시 영어회화 교수 한 분이 교수하는 방법에 약간의 이의가 있어서 이영춘(개정 농촌위생원장) 박사와 필자가 당시 교감으로 계신 오 선생께 반을 대표해서 항의 말씀을 드린 적이 있다. 그때 선생은 단호한 어투로 미국 사람이 아무리 부족하다고 해도 자기 나라말을 가르치는 것이며, 학생들이 제기한 것을 수용하기 어렵다고 하셨다. 그리고 자신의 체험을 바탕으로 외국어를 습득하는 방법과 활용하는 방법을 말씀해 주셨다.

이와 같이 일면 엄격하시고 또 일면 자애로운 가르침을 주시는 것이 그분이 학생들을 교훈하는 태도였다.

환자를 진료할 때는 항상 학생들에게 환자 한 사람 한 사람의 귀한 생명을 취급하는 의사라고 하는 사명을 잊어서는 안 된다고 교훈하시고, 환자가 언제나 희망을 잃지 않도록 의사는 자신의 언어 행동에 깊이 주의를 게을리하지 않도록 훈계하셨던 선생이시다. 필자가 임상의로서 반생을 통하여 환자를 취급하는 동안 대과없이 지나온 것은 당시 선생의 말씀을 큰 교훈으로 삼아왔기 때문임을 부정할 수 없다.

당시 세브란스의전은 일본 문부성의 지정학교가 아니었기 때문에 졸업생들의 발전에 크게 지장이 있었다. 선생께서 이를 해결하기 위해 에비슨O.R.Avison 교장과 도쿄를 여러 차례 방문하시는 모습을 여러 차례 보았다. 원대한 앞날의 목표를 향하여 전진하는 선생의 교육 방침, 학교 운영 방침을 거기서도 엿볼 수 있다.

미국 유학생이 극히 드물었던 초기에 과감하게 미국 유학을 하셨다는 사실이 선생의 학문과 교육에 대한 진취적 사상을 반영하며 또한, 교수 재직 중에는 노경老境에 계시면서도 동경제대와 오스트리아 빈Wien대학에서 피부과학을 공부하신 점은 끊일 줄 모르는 탐구의 정신을 말해주는 것이다. 세브란스를 운영하실 때 이와 같은 사상이 기본이 되어서 세브란스의 발전에 크게 기여할 수 있었다고 생각된다.

여담이지만 그분은 가끔 우리 젊은 사람들에게, 미국 유학 당시 처음 외출할 때 동양인을 처음 본 십여 명의 아이들이 구경삼아 졸졸 뒤따라오는 데는 말할 수 없는 고통을 느꼈다는 얘기를 웃으시며 들려주시곤 했다. 한국 유학생이 불과 몇 명이던 그 시절 미국 유학이 얼마나 고생스러웠던가를 애써 웃으시며 얘기하시던 그 모습이 지금도 생생히 기억된다. 또 이런 일도 있었다. 당시 외국 선교사 사택에 연결된 전기와 수도가 병원용 전기 수도와 공동으로 연결되어 있던 것을 분리해 개인 부담으로 돌린 일이 있었다. 이로 인해 선생을 비난하는 소리도 있었으나, 자기가 정당하다고 생각되는 소신을 관철하심으로써 공공기관을 보호하셨다. 이러한 모든 점은 그분의 인격이 공사 간에 있어서 공명정대한 것을 단적으로 알게 하는 사실이다.

에비슨 교장이 교장직에서 은퇴할 때 자신의 후임으로 오긍선 선생을 추천한 것은 에비슨 교장이 인물을 알아보는 혜안의 소치라고도 하겠으나, 평소 에비슨 교장을 보좌하여 학교 운영에 심혈을 기울여 온 선생의 역량과 인격이 정당히 평가받은 것이라 할 수 있다. 이 사람이면 세브란스 장래에 무한한 발전을 가져올 수 있을 것이라는 확신이 선생을 추천케 한 것이며, 그 확신대로 선생은 교장 재임 시 갖가지 어려운 난국을 돌파하시고 세브란스 발전의 기초를 영원히 공고히 하신 것이다.

세브란스 교장직을 정년 은퇴하신 후에도 선생님은 한가히 쉬지 않으시고 노구를 무릅쓰시며 사회사업 특히, 고아사업에 정성을 기울이셨다. 작고하시는 그 순간까지 그 사업에 최선을 다하시는 그 생활 태도야말로 세브란스에서 의학 교육을 받는 의학도들의 기본 태도가 되어야 할 것이다.

선생의 그 엄격하면서도 너그러운 모습과 길이 세브란스 역사에 남을 업적들이 은사를 기리는 제자의 마음속에서 오늘날 한층 더 생생한 듯하다.

세브란스의전 교장 오긍선 박사

A. I. 러들로(전 세브란스의전 외과 주임 교수)

1878년 10월 4일 고도古都 공주에서 오씨 가문의 22대손孫의 고고한 울음소리가 울렸다. 그의 선조들의 성실한 전통으로 이 아이는 한문에 의한 교육을 철저히 받았고, 1894년 서울의 미국 북감리회가 운영하는 배재학당에 입학하였다. 몇 달 지나지 않아 그는 아펜셀러 목사에게 세례를 받았고, 다음 해에 예수그리스도의 가장 진실한 추종자가 되었다.

미국 남장로회의 선교사였던 알렉산더 박사는 젊은 오군에게 무한한 가능성이 있음을 인정하여, 좀 더 공부할 수 있도록 미국 유학의 길을 마련해 주었다. 오긍선은 대단한 열의로 이 기회를 받아들여 켄터키주의 덴빌에서 2년간 기초의학을 수학하였으며, 1907년에 지금의 루이빌 대학인 Hospital College of Medicine에서 의학사 학위를 받았다.

고국 국민의 복지를 위해 일생을 바치겠다는 신념으로 귀국한 오 선생은 군산에 있는 미국 남장로회 병원에서 오 선생은 그곳에 있는 정명학교의 교장직도 맡아서 일했다. 3년 후에 세브란스병원의학교의 요청으로 미국 남장로회 대표로 지명되었는데, 이 일로 인해 세브란스는 가장 귀중한 재산인 오 선생을 얻게 되었다. 오 선생은 동경제국대학 대학원에서 피부병에 관하여 연구하였으며, 세브란스병원의 피부과장을 역임하며 이 분야의 권위자가 되었다. 1934년 오긍선이 세브란스의대 학장으로 선출된 것은 이 학교의 역사에 일대 전기를 이루는 계기가 되었다. 그는 사소한 사무에도 세심했으며, 학생들에게는 엄격하면서도 다정하였고, 공정하고 예의바르게 행동함으로써 그보다 더 학장직에 어울릴 사람이 없을 정도였다. 오 선생의 활동은 세의전에만 국한된 것이 아니었다. 세브란스에 온 지 얼마 되지 않아 서울 YMCA 이사회의 회원으로 선출되었고, 활동적인 새문안교회의 일원이 되었다. 돌보는 사람 없는 길거리의 많은 아이를 보고, 1920년 고아를 돌보는 기관의 일원이 되었다. 이렇게 해서 발전된 것이 경성고아원이다. 고아들이 '아저씨'라며 다가오면, 오 선생은 고아들의 그에 대한 사랑을 보는 것 같아 매우 즐거웠다. 어느 추운 겨울날 집을 나와 거리에서 헤매는 10여 명의 소년들을 동사凍死에서 구한 적도 있었다. 그의 이러한 아름다운 선행은 우리가 존경하여 마지않는 정신인 것이다. 미동공립학교 위원회의 일원으로, 서울 시내 공립학교 위원회의 이사로서, 한국나癩협회 회원으로, 서울시 평의원회 의원으로, 매춘금지회 회장으로, 동물에 대한 잔학한 학대행위를 금하는 기구의 장으로서, 그가 사회에 끼친 영향은 매우 큰 것이다.

1913년부터 학교에서, 병원에서, 임상에서 오 선생과 관계를 맺진 것은 필자의 행운이었다. 나는 의사이며 학장이고, 학자이며 선생인, 고아의 아버지이자, 버림받은 자들의 친구였으며, 예수의 선행을 따른 오 선생을 친구로 삼은 것을 매우 자랑스럽게 여긴다.

---

* 역자 주: 이 글은 세브란스의전 외과 교수인 러들로(A. I. Ludlow)가 1929년 5월 「한국기독교계」(The Korea Mission Field)에 투고한 것을 번역하여 전재한 것이다. 필자 러들로는 세계적으로 알려진 외과의사로 1913년부터 25년간 세브란스의전 외과 주임교수를 역임하였으며 한국에서는 특히, 간농양에 관한 연구로 큰 공적을 남겼다.

오 박사에 대한 나의 회상

A. 시틀러 (전 미국 기독교아동복리회 이사)

1954~1955년, 내가 한국에서 기독교 아동구호재단 서양인 이사로서 있는 동안 어떤 한국인이 가장 절친한 친구였으며 동료였다. 그는 바로 오긍선 선생이다. 이 존경받을 만한 사람에 관해 쓸 이야기가 매우 많다. 하지만 그가 고인이 된 다음에야 쓰기 시작했다는 것은 매우 유감스러운 일이다. 어쩌면 이것이 오 선생이 바라던 것일 수 있다. 그 시대에 그가 성취한 것은 많았지만 그는 겸손한 사람이었다.

지금 내가 여기서 쓰고자 하는 것은 22년 전인 1955년에 한국을 떠나면서 오 선생을 마지막 본 후에 생각나는 것들이다. 1969년 여름 한국을 다시 방문했을 때, 그동안 오 선생이 세상을 떠났다는 소식을 듣고, 내 여행은 공허한 것이 되었다. 무엇보다도 나는 오 선생을 매우 신뢰할 수 있는 친구로 생각한다. 그 시절 기독교 아동구호재단에서 운영하던 어린이 복지사업의 발전에는 우여곡절이 많았다. 오 선생은 CCF의 법인으로서, 한국 어린이복지회의 지도자로서, 나의 가장 가까운 충고자이며 친구로서 모든 일에서 내내 충실했었다. 그는 타인의 기분에 민감한 사람이었다. 나는 그가 나를 서양 여자인 동시에 행정관으로 충분히 받아들일 수 있는 수용적인 마음을 가진 한국 행정관이라고 생각했다.

내가 한국을 떠날 준비를 하는 동안 그는 안양에 있는 기독보육원의 집 발전을 위해 그와 함께 남아서 어린이 복지사업을 계속해 달라고 간청했다. 서울 근교 안양의 넓은 농지 위에 있는 그의 고아원은 한국 최초의 고아원일 뿐만 아니라 가장 진보적인 곳이었다. 기독교 아동구호

재단과 미군의 한국 원조 계획의 도움으로 최초의 어린이 복지 숙소 건립 계획이 1954~55년에 완성되었다. 이 기간에 한국식의 다른 건물도 지어졌다. 나는 특별히 부속 병원 건물이 세워지던 날이 기억난다. 미국과 영국 대사관 사람들, 미군들, 기독교 어린이재단 회원들이 기념식에 왔었다. 귀여운 보육원 아이 하나가 우리에게 꽃다발을 주었다. 나는 서울에 있는 내 숙소가 보육원에서 가까웠으므로 그곳에 자주 갔었다. 오 선생의 사무실에서 보통 다른 직원들과 함께 그를 만났다. 그리고는 직원과 어린이와 함께 얘기하면서 몇몇 집을 둘러보았다. 각 집을 맡고 있는 여자 직원들이 보통 하나 아니면 둘이었는데, 매우 어린이를 사랑하고 그들의 요구를 빨리 알아차리며 훌륭한 보모라는 것을 항상 느꼈다. 보육원은 항상 깨끗했으며, 어린이의 정서적 욕구를 제일 중요하게 여겼다. 오 선생은 보육원 구내의 여러 곳을 자랑스럽게 구경시켜 주었다. 그는 특히 병아리와 최신 닭장을 좋아해서 처음 오는 사람에게는 꼭 소개해 주었다. 훌륭한 논과 채소밭이 있었고 과수원도 있었다. 우리는 가끔 나무 밑에 앉아서 얘기도 하고 생각에 잠기기도 했다. AFAK 계획을 감독하는 주한 미군들이 자주 나와 함께 방문했다. 오 선생은 매우 사교적인 사람이었다. 그는 외국에서 의대를 나왔으므로 영어가 매우 유창해서 의사소통이 잘 되었다. 따뜻한 인간성과 어학 실력 덕분에 그는 모든 사람의 총애를 받았고, 고무적인 동료였으며 신뢰할 수 있는 의논 상대였다. 나는 또 어린이들 건강이 양호하다는 걸 보여 주던 야외 운동회를 기억한다. CCF 회원, 한국 정부, UN군 특히 미군이나 개인기관의 일원 같은 중요한 방문객이 올 때도 있었다. 오 선생은 AFKA와 한국 사회 노동자단체의 활동적인 회원이었다. 나는 특히 미국 군대를 방문하기 위해 왔던 Daniel Doling(사망)이 방문했던 날이 생각난다. 그는 여행 중에 『크리스천 헤럴드 매거진』(그는 이 신문의 뉴욕 발행인이었다)이 후원하고 CCF가 주관하는 이 고아원을 방문할 기회가 있었다. 우리는 주로 헬리콥터로 이동했다. 우리가 고아원 운동장에 착륙했을 때 아이들이 얼마나 흥분했던지 잊을 수가 없다. 보통 우리가 지프 차로 다녔을 때와는 다른 분위기였다. 항상 아이들은 우리를 환영했고 즐겁게 해 주었다. 무엇보다도 그들의 작은 손을 잡고, 그들이 아끼는 꽃이나 집을 구경하는 것도 좋았다. 가끔 우리는 그들이 우리 친자식인 것처럼 포옹했다. 그러는 동안 많은 군인이 미국이나 다른 곳에 두고 온 그들의 가족이나 아이들을 생각했다. 한국 어린이들에게 애정을 보이는 동안, 그들은 그들의 가정에 가까이 있는 것 같은 느낌을 갖게 되는 것이었다. 한번은 미 군목 Benett가 '미군은 동정의 군대'라고 말한 적이 있다. 얼마나 자주 나는 이런 것을 목격했었는지 모른다. 그들이 가장 친밀해질 수 있는 것은 한국 어린이와 다른 사람의 요구를 미군들이 잘 알고 있기 때문이다. 나는 또 미 해군 제1진이 마지막으로 한국을 떠날 때를 회상한다. 그들은 떠나기에 앞서 스코시라는 어린 소년을 내 사무실로 데리고 와서 좋은 고아원에 보내 달라고 부탁했다. 나는 안양기독보육원이면 가능할 것이라고 말했다. 그들은 나를 따라 스코시와 함께 지프 차로 오 선생의 집으로 갔다. 그들이 아이를 고아원에 맡기고 눈물을 흘리며 떠날 때 그 아이는 손을 흔들었다. 그들은 수년 동안 막사幕舍에서 같이 지내던 스코시를 양자로 삼으려 했다. 스코시는 어렸을 때부터 미군 캠프에서 자라면서 미국이 익숙하여졌고, 미군의 사랑을 받으면서 매우 애교 있는 어린이로 자랐다. 몇 달 뒤에 그는 오하이오주 클리블랜드의

한 가정에 양자로 입양되었다. 이것이 『LIFE』지의 웃을 수 없는 아이의 사진을 보고 난 미국 시민들이 한국 고아를 양자로 맞는 계기가 되었다. 스코시는 그 집의 친자식 3명과 함께 곧 그 가족의 일원이 되었다. 이때 스코시를 입양한 Kim Border는 30세가량의 남자였다. Border는 스코시를 양자로 삼은 것을 결코 후회하지 않았으며, 훌륭한 한국계 미국인을 자랑스러워했다. 우리는 안양기독보육원 운동장에 가면 가끔 미군의 잘못된 공습으로 희생된 어린이의 무덤가를 거닐었다. 그것은 지난날을 회상케 한다. 그 어린이들은 지금 살아있는 아이들의 행복과 웃음 속에 평화로운 곳에서 쉬고 있을 것이다. 이곳의 아이들은 한국에서 현재와 미래에 올 세대의 자유와 평화, 행복의 밑거름이 될 것이다.

---

* 이 글은 St. John's에 있는 Memorial Univ. of Newfoundland 사회사업과 교수인 Arlene Sitler 박사가 쓴 것이다. 박사는 1954~1955년에 한국에 머물면서 오긍선과 함께 기독교 아동복리회에서 봉사했다.

내가 아는 오긍선 박사

H. G. 언더우드(원일한)

오긍선 선생은 나의 선친(원한경)께서 사랑하고 존경하던 동료였으며, 내가 오 선생에 관하여 기억하고 있는 것은 어릴 때 아버지로부터 들어서 얻은 인상들이다.

1934년 에비슨 박사가 정년퇴임하자 나의 선친은 연희전문학교 교장직을 계승하였고, 오 선생은 세브란스의학전문학교 교장직을 맡게 되었다. 그로부터 다년간 두 분은 교육사업을 비롯하여 각 분야에 걸쳐 긴밀히 협조하며 일하였다. 어렸기 때문에 나는 어슴푸레하게 오 선생이 세브란스의학전문학교의 최초의 한국인 책임자였던 것을 알았으며, 또 막연하지만 오 선생의 영도 하에 세브란스는 발전을 계속하였으며, 전 아시아를 통하여 우수한 의료기관이었을 뿐만 아니라 진실한 기독교 기관으로서 명성을 떨치게 되었다. 아이들은 까닭은 몰라도 어버이들의 태도를 빨리 눈치 채는 법이며, 선친께서는 오 선생을 친구로서 또 동료로서 언제나 기꺼이 맞이하는 것을 보았다. 그래서 나는 우리 부모들이 그에게 깊은 애정과 존경심을 가졌던 것을 지금도 잊지 않고 있다. 특히, 나의 선친은 8·15해방이 되기 오래 전에 오 선생이 시작한 경성고아원의 재무를 맡았던 것을 큰 영예로 여기셨다. 선친께서는 항상 오 선생의 독지와 헌신적인 고아 사업을 칭찬하셨으며, 서울 이남으로 가는 길이 있으면 반드시 안양에 있는 고아원을 방문하시고, 그 고아원이 소망과 사랑에 의하여 운영되고 있음을 강조하셨다. 현대 사회학자들이 엄두도 내기 전에 오 선생은 고아들을 위하여 소위 cottage system을 도입하였다. 많은 아이를 한꺼번에 합숙시키지 않고 원아들을 소수로 나누어 작은 독립된 집에 기거시켜 가족적인 환경을 조성하고, 아이들이 집안일을 도움으로써 가정이 어떤 것인가를 배우게 하였다. 8·15해방이 되자 이 고아원은 관리수준이 높을 뿐만 아니라 오 선생이 심은 사랑과 인간존중의 정신에 의하여 운영되었기 때문에 제일 먼저 기독소년재단의 원조를 받게 되었다.

  8·15 후에 내가 한국에 다시 돌아왔을 때는 오 선생은 정년퇴임을 하였기 때문에 내가 성인으로서 그를 뵐 기회는 많지 않았지만, 선친께서 안양에 가실 때에는 자주 동행하였던 것을 기억한다. 오 선생에 대한 나의 여러 가지 기억은 비단 세브란스 역사상의 일일 뿐만 아니라 영도자들이 어떻게 하면 손이 미칠 수 있는 데까지 사람들을 돌볼 수 있는지를 몸소 보여 준 위인으로서 계속 남아있다. 그분은 어려울 때 책임자(교장)의 자리를 맡았으나, 아무리 바빠도 한시라도 인간에 관한 관심과 사랑을 잊은 일이 없었다. 그의 기독교적 사랑은 말로써가 아니라 매사에 몸소 실천을 통해 나타내셨다.

  오늘 우리가 이 위대한 인물의 탄신 100주년을 기념하는 까닭은 단순히 그가 이룩한 유형적인 업적 때문만이 아니라, 그보다도 우리가 본받아야 할 그의 진지한 인생관에 대한 것임을 잊어서는 안 될 것이다.

편지

The Missionary, December, 1902, 568~569

Korea.

Letter from a Korean Teacher.

Rev. William F. Bull.

I have wanted to get in a letter for the October number, but being unable to do so, asked my language teacher, Mr. Oh, to send you one. I am sending his letter in same mail with this, written in his own handwriting and from his own mind and heart. He brought the first copy to me for correction. I made a few and left the rest, as I did not want to give a wrong idea of his knowledge of English. Mr. Oh is a bright young man about twenty-five years of age. He was educated in the Methodist School in Seoul, and worked there for some time in the translation of articles from English into Korean, for The Christian News, a publication of the Mexican Presbyterian Mission. He is quite anxious to pursue his studies farther, and especially to study medicine. I was quite fortunate in securing him as a teacher, as his services were considerable in demand. He had an offer in another place with a larger salary than he is getting with me, but as his home and family are in this neighborhood, he accepted the position here.

한국
윌리엄 F. 불

저는 10월호에 실을 편지를 보내고 싶었지만 그렇게 할 수 없었고, 대신에 저에게 한국말을 가르쳐주는 오긍선 씨에게 편지를 써달라고 부탁했습니다. 정성을 기울여 쓴 오긍선 씨의 편지를 저의 편지에 동봉합니다. 오긍선 씨는 자신이 쓴 편지를 고쳐 달라고 했습니다. 저는 오긍선 씨의 영어 수준을 알기 때문에 약간 손질해서 보냅니다. 오긍선 씨는 스물다섯 살의 청년입니다. 배재학당을 졸업하고 한동안 멕시코 장로교 선교부가 발간하는 『그리스도신문Christian News』의 영문 기사를 한국어로 번역하는 일을 얼마 동안 했습니다. 그는 의학공부를 갈망하고 있습니다. 여러 곳에서 그를 원하는 상황에서 저는 오긍선을 한국어 선생으로 데려오는 행운을 얻었습니다. 훨씬 많은 월급을 주겠다는 곳이 있었지만, 그는 자신의 집과 가족이 가까이 있는 이곳에서 저와 함께 일하기로 했습니다.

･･･

저는 두 달 전에 불 선교사로부터 *The Missionary*에 보낼 편지를 써달라는 부탁을 받았는데, 우리나라에서 이루어질 고귀한 일에 관심을 높이는 기회라 여겨 매우 기뻤습니다.

한국에는 유교, 불교, 도교 등 세 종교가 있습니다. 대부분 불교를 신봉하며, 나라 안 곳곳에 절(사찰)이 있습니다.

한국인은 세계에서 가장 아름다운 한국이 외부 세계에 알려지는 것을 달가워하지 않아 통상외교를 거부하는 노력을 기울여왔습니다. 그래서 최근까지도 외국 사람이 상륙하는 것을 허락하지 않았습니다.

선교사들이 우리나라를 찾아왔을 때, "왜 저 사람들은 저리 큰 고생을 하며 복음을 전파하지?"라며 의아해했습니다. 어떤 사람은 "(선교사가) 우리나라를 강탈하거나 돈을 벌기 위해 왔다"라고 생각했습니다. 또 다른 사람은 "(선교사가) 양식을 구하러 왔거나 아니면 한국이 그들의 조국보다 더 좋아서 왔다"라고 말했습니다. 대부분 사람은 복음을 전파하는 선교사를 미친 사람이 허무맹랑한 것을 전한다고 생각했습니다. 혹 교회에 나가는 사람이 있으면, 그가 교회당에 나가는 것을 멈출 때까지 비방하고, 저주하고, 핍박했습니다. 저 역시 그런 사람 중 하나였으나, 이제는 사람이 하나님의 능력에 맞설 수 없다는 것을 압니다.

선교사들의 열심과 신실한 외침(설교)으로 어둠 속을 거닐던 사람 중에 천국의 빛에 거하게 된 이들이 있습니다. 선교부가 운영하는 학교에서 많은 소년 소녀들이 배우고 있으며, 병원에서 많은 환자가 치료를 받습니다.

그럼, 선교사를 대하는 생각이 달라졌을까요? 이제 사람들은 선교사들이 돈을 벌기 위해서 또는 우리나라를 빼앗기 위해서가 아니라 오로지 복음을 전하기 위해 왔다고 여깁니다. 많은 사람이 예수를 구원자로 영접합니다.

저는 선교사를 보내어 교사로, 의사로 우리나라 사람에게 복된 소식을 전하게 하신 하나님께 진심으로 감사드립니다. 하지만 우리나라 전역에 복음을 전하기에는 선교사가 턱없이 부족합니다. 성서는 "추수할 곡식은 많으나 일꾼은 적다"라고 말합니다. 저는 더 많은 선교사를 한국에 보내주시기를 하나님께 기도하며, 우리 민족을 사랑하여 많은 선교사를 보내준 미국교회 형제자매에게 진심으로 고마움을 표합니다.

저는 우리나라에 들어와 있는 일본인들을 매우 유감스럽게 생각합니다. 저들은 무역을 위해 들어왔습니다. 한국에 오면 일본 사람이 많이 들어와 있음을 알 수 있습니다. 항구와 주요 도시마다 일본인이 있습니다. 저들 가운데 불교 승려가 있습니다. 승려는 서울을 비롯해 우리나라의 항구마다 절을 세웠습니다.

며칠 전 서울에서 발행된 신문을 읽었습니다. 4천여 명의 한국 사람이 일본 사람이 세운 절에 다니는데, 여자 신도가 남자 신도보다 2배나 더 많다고 합니다. 사람들에게 부처를 섬기라고 유인하는 악의 세력이 있어 매우 안타깝습니다.

한국에 복음을 전파할 때가 되었지만 전도자는 매우 적습니다. 한국을 전도할 지원자가 많이 나타나기를 위해 기도합니다. 그리고 미국교회에서 더 많은 선교사를 보내주기를 바랍니다.

우리 민족이 예수 그리스도를 믿어 악의 세력이 이 땅에서 물러나가도록 기도해 주십시오.

1902년 군산에서

주의 신실한 종 오긍선 올림

The Missionary, April, 1903, 180~181

언급한 바와 같이, A. J. A. 알렉산더 선교사는 아버지의 죽음으로 한국에서의 사역을 중단하고 돌아왔습니다. 다음의 편지는 알렉산더 선교사의 주선으로 미국에서 공부하고 있는 한국 청년이 쓴 것입니다. 오긍선 씨의 미국에 관한 인상은 *The Missionary* 독자들에게 흥미로울 것입니다. -편집자

작년에 저는 일본이나 미국에 가서 의학을 공부하기를 바랐으나, 부모님과 불 선교사는 일본이 저에게 좋지 않다고 하시며 일본에 가는 것을 반대하셨습니다. 미국에서 공부하고 싶지만, 저에게는 시간도 학비도 마련할 길이 없었습니다. 그래서 저는 아픈 사람들이 의사를 기다리듯이 의학공부를 하고 싶은 마음을 추스르며 의사 선생님이 오기를 기다렸습니다. 그런데, 아! 의료선교사 알렉산더가 군산에 도착하기에 앞서 그의 아버지가 돌아가셨다는 비보가 불 선교사에게 전달되었습

니다. 모든 선교사와 교회 신자들은 애련한 마음으로 알렉산더를 맞이했습니다.

알렉산더 선교사는 군산에 2개월 정도 머물렀습니다. 그 기간 그는 환자에게 약을 나눠주고, 마을의 모든 아이에게 예방 접종을 하고, 때로는 왕진을 나갔습니다. 그는 미국으로 돌아가야만 했습니다. 우리(알렉산더와 오긍선)가 군산을 떠나기 전에 불 선교사와 알렉산더가 저를 찾았습니다. 그리고 "당신의 가장 큰 소원이 무엇입니까?"라는 불의 물음에 저는 우리 민족을 돕는 길로서 의학공부를 하고 싶다고 했습니다. 그러자 저의 집안형편을 잘 알고 있는 불 선교사가 "만일 유학의 길이 열린다면 어떻게 하겠습니까?"라고 다시 물었습니다. 나는 어떻게든 갈 수 있다고 대답했습니다. 온 가족이 미국 유학을 반대했지만, 저의 유학 결심을 막지는 못했습니다. 많은 친구와 학생이 부두에 나와서 "잘 다녀오라"라고 인사하며, 알렉산더 선교사에게 곧 돌아오라고 했습니다.

우리는 2월 7일 군산에서 출발하여 1월 8일 시카고에 도착했습니다(날짜 착오로 추정됨 - 번역자). 오! 이 얼마나 멋지고 활기찬 도시인가! 수많은 차가 도로 위를 달리고, 인도를 가득 메운 사람들이 스칠 듯이 바쁘게 걷기 때문에 한국에서처럼 양반걸음을 걸을 수 없습니다. 거리 주변을 이리저리 둘러봐도 초가집은 보이지 않고, 하수구의 악취도 맡을 수 없었습니다. 비단 빌딩뿐 아니라 눈에 들어오는 것마다 신기하고 놀라워 도무지 입을 다물 수 없습니다. 이렇게 여러 날을 지내다가는 의사가 되기 위해 왔다는 사실을 잊어버릴 것만 같습니다. 저는 가끔 고향 생각에 빠지지만, 의학을 공부하기엔 아무런 어려움이 없는 멋진 나라에 와 있습니다.

어떤 한국 사람은 선교사들이 돈을 벌기 위해 왔다고 생각하지만, 그것은 진실이 아니라고 말할 수 있습니다. 한국에 와서 정원사로 일하면 미국 돈으로 하루에 20센트 이상을 벌 수 없다고 생각해보십시오. 저는 한국에서 활동하고 있는 선교사들에게 마음에서 우러나오는 고마움을 전합니다. 그들은 부모, 형제자매, 친구 그리고 아름다운 조국을 떠나 복음을 전하며 한국인을 돕고 있습니다. 저는 마가복음 12:30~31, 마태복음 10:37, 28:19, 20을 읽고 하나님께 감사를 드렸습니다. 멋진 나라에서 아무런 불편이 없음에도 저는 가끔 향수병에 걸립니다. 그럴 때마다 선교사들이 향수병으로 얼마나 고생할지 짐작조차 할 수 없습니다.

캔터키 스프링에서 오긍선 올림

The Missionary, February, 1902
우리의 한국인 첫 의료선교사
Mrs. W. F. Bull

현지인을 유학시키는 것의 중요성이 종종 언급되었습니다. 미 남장로회(해외선교부)는 조사(助事, Helper), 목사 후보생 및 의사가 되고 싶은 젊은이들에게 필요한 교육과정을 제공하고 있습니다. 군산 선교지회는 미국에서 의학공부를 마치고 돌아온 젊은 한국인과 함께 일하게 된 것을 기쁘게 생각합니다.

몇 년 전, 알렉산더 박사는 의료선교사로 군산에 파송되었지만, 이내

청년 시절의 해관(미국 유학 시절)

사역을 접고 켄터키 집으로 돌아가야 했습니다. 군산에서 있는 동안 여러 해에 걸쳐 선교사의 한국어 선생을 하고 있는 청년 그리스도인 오긍선 씨를 만났습니다. 동료 선교사들이 오씨를 칭찬하는 것을 보고, 오씨가 미국에서 의학공부를 한 후 의료선교사로 한국에 파송되었으면 좋겠다는 생각을 했습니다. 군산선교지부 선교사들은 오씨를 적격자라며 알렉산더 박사의 계획을 승인했습니다.

오씨가 부모와 아내를 두고 멀리 떠나는 것은 결코 쉬운 일이 아니었습니다. 하지만 가족들은 오씨가 미국에서 의학공부를 하는 것이 최선이라고 생각했습니다.

배재학당을 졸업한 오긍선 씨는 영어를 상당히 잘합니다. 켄터키 센트럴대학교에 입학해 예비과정을 이수한 후, 루이빌의과대학에서 공부했습니다. 그리고 지난 여름에 의학대학을 졸업했습니다. 알렉산더 박사는 오씨가 한국에서 미국에 올 때 든 여행 경비뿐만 아니라, 의학공부에 필요한 수업료 일체를 지원했습니다.

알렉산더 박사는 오씨가 방학 동안에 하고 싶어하는 일을 어떤 방법으로든 돕고자 했습니다. 오씨는 의과대학 마지막 학기 전 몇 달 동안 병원에서 근무하며, 자신의 능력을 최대한 발휘했습니다. 알렉산더 박사는 오씨에게 한국으로 돌아갈 경비를 지원하며, 자신을 대신할 3명의 의료선교사 중 1명으로 그를 파송했습니다.

오긍선 선교사는 집에 돌아온 감격과 주님의 일을 하기 원하는 간절한 심정을 편지에 담았습니다. 좋은 아내와 귀여운 두 자녀를 두고 있으며, 그의 사역에 하나님의 축복이 풍성하길 바랍니다. 오 선교사는 군산 예수병원에서 다니엘과 함께 근무하고 있습니다. 군산 예수병원은 오 선교사의 유학을 지원한 분의 도움을 받았습니다. 몇 해 전, 알렉산더 박사는 기금을 군산 선교지회에 보내며, 전주에서 근무하던 중 발진티푸스에 걸려 돌아가신 해리슨 부인을 기념하는 일에 사용되기를 바랐습니다. 알렉산더 박사의 기금은 병원의 설비를 갖추는 데 사용되었습니다. 오 선교사의 합류로 더욱 풍성하고 좋은 결과가 있기를 기원합니다.

The Presbyterian of the South, July 23, 1913

의료선교사 오긍선이 서울에서 보내온 1913년 5월 26일자 편지의 일부입니다.

선교부는 약 10일 전 저를 서울에 있는 (세브란스병원) 의학교로 파송했습니다. 의학교에는 많은 학생이 있는데, 그들 대부분은 그리스도인입니다. 저는 해부학과 외과학을 가르치며 러들로 교수의 병리학 강의를 돕고 있습니다. 일주일에 6시간 가르치고, 이틀 근무합니다. 주일학교 엽서를 주서서 대단히 고맙습니다. 몸은 비록 서울에 있지만, 마음은 일요학교에 가 있습니다. 거의 매일 목포에서 보내오는 편지를 받아 제가 마치 목포 교회에 있는 것 같습니다.

우리는 다순구미(볕이 잘 드는 후미진 마을, 현 온금동 – 번역자 주)에 집을 사려고 했습니다. 비용은 약 90달러입니다. 매 주일 많은 어린이가 참석합니다.

Hill 씨에게 저의 후임이 되어달라고 요청했습니다. Hill 씨는 성령이 충만하고 활기가 넘치는 좋은 분입니다.

세계주일학교협회는 Swinehart를 영입하기 위해 노력하고 있습니다. 이것은 매우 중요하며, 제 소견으로는 Swinehart도 협회와 함께 일하기를 바라는 것 같습니다.

신문·잡지 기사

고아원이 경성에
『매일신보』, 1919. 12. 15

경성 남대문 밖에 있는 세브란스의원 의사 오긍선 씨 외에 경성상업계의 유순한 은사들이 모여서 불쌍한 고아들을 위하여 따뜻한 가정과 같은 고아원을 설치하기로 발기하고, 기본금 20만원으로 머지않아 경성 시내에 순전히 민간에서 운영하는 고아원을 설치하려고 한다. 일면으로는 경제상의 회사가 발흥하며, 일면으로는 사상 상의 집회가 많이 생기는 이때에 사람이 마땅히 지켜야 할 도리를 다하기 위해 이런 계획을 실천한다고 하니 과연 기쁜 일이라 말하지 않을 수 없다. 더구나 지금까지는 이러한 사업을 외국인이나 관에서 운영하는 것 이외에는 하지 않았던 우리 사회에 민간의 경영으로 이러한 일이 발생함은 우리 사회와 발기인 그네들을 위하여 깊이 치하하지 않을 수 없다. 또한, 철모르는 어린 것들이 기구한 운명에 잡혀 일찍이 사랑하는 부모를 여의고 일가친척도 없이 쌀쌀한 세상에 이 마을 저 마을로 돌아다니며 빌어먹으며 한없는 핍박과 끝없는 눈치를 받고, 마음이 변하여 못된 일에 빠져 이 사회에서 저주를 받을 수밖에 없는 처지로 내몰리는 불쌍하고 가엾는 외로운 어린이들을

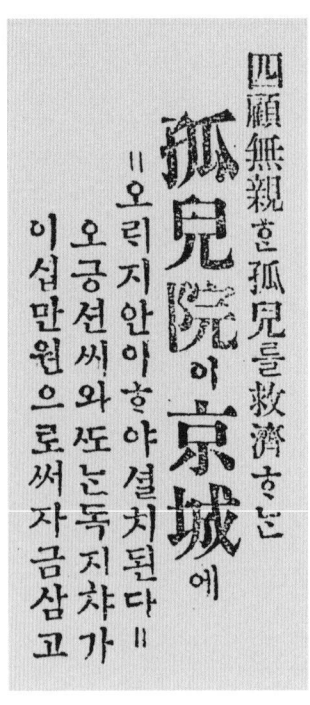

위하여 그런 일을 한다니 펄펄 뛰며 너울너울 춤을 추고도 남을 일이다. 시대의 진보와 사회의 발달은 정비례하거니와 옛날에는 내 한 몸과 우리 집만 배부르고 걱정 없이 지내면 만족하다 하는 단순한 생활을 했으나, 우리 사회도 이제는 그러한 단순한 생활에서 적어도 얼마쯤 벗어나서 좀 더 복잡한, 좀 더 사람다운 생활을 요구하는 동시에 먹기 위해서는 회사도 설립하여야 할 것이오, 알기 위해서는 〈문화운동〉도 있어야 할 것이오. 사람으로 태어나서 사람 노릇을 하자면 〈고아원〉이나 〈양로원〉 같은 것도 설립하여야 할 것이다. 아니해서도 못 쓸 것이오. 안 하려고 해도 안 할 수 없을 것이다. 그러한데 이번에 의사(醫師) 오긍선을 비롯해 경성상업계의 여러분이 발기하여 고아원을 설립한다고 함은 실로 시대의 요구요 우리가 서로 다투어서 하여야 할 일이라 하겠으며, 누구나 뜻있는 사람은 몇천 년 인류의 피를 받은 이는 우리 인류의 장래와 번영을 생각하는 사람은 다투어 이 계획에 대하여 찬성함이 좋겠다 할만한 일이더라.

양력을 쓰는 가정:
15년 동안 양력 과세로 실행, 80 노모께는 음력에 세배

『매일신보』, 1936. 1. 7

조선에 서양 의술을 가지고 맨 처음 들어온 에비슨 박사가 현재 세브란스의 전신 제중원을 만들어서 개업하니 우매한 세상 사람들은 서양 사람들이 조선 사람 송장의 눈알을 빼서 젓을 담아서 제 나라로 가지고 가서 반찬을 하려고 조선에 병원을 낸 것이라는 소문까지 나서 치료를 받는 환자도 줄어든 일이 있었다. 이러던 때 벌써 장래를 예관豫觀하고 그에게 사숙하여 신식의술을 배운 이들 중의 한 사람이 현재의 세브란스의학전문학교 교장 오긍선 박사가 그분이다.

이제 오 박사의 양력 과세의 경험을 들어보면 원래 그분은 그 가정부터 번창하고 원만한 가정으로 위로는 80 노모가 계시고 아래로는 자손이 번성하여 가족적으로도 대가족인데, 오 박사는 공사에도 여념이 없이 바쁜 중에라도 당상의 백발 모친에게는 극진한 효성을 다하여 청년 후배들이 머리를 숙여 경의를 표하는 그분이다. 그의 양력 과세는 약 15년 전부터 실시하여 오고 있으며, 자연 학교와 의사의 사회 또는 일반 사회적으로 양력을 써오는 까닭으로 음력으로는 날짜까지도 기억할 여념이 없다 한다. 그리하여 양력 과세를 함에 있어 지정되는 점을 물은즉슨 역시 오랫동안 내려온 풍속과 습관을 일시에 폐지하기는 과연 어려운 것인데 연만하신 오 박사의 모친께서는 양력 정월은 정월로 여기시지 아니함으로 그날에 세배로는 아니 받으므로 부득이 음력 정월에라야 세배를 받고 있으며, 아이들도 자연 그리함으로 양력 정월에는 사회

적으로 과세를 하게 되고 음력 정월에는 노인과 아이들을 위하여 음식을 만들고 세배를 하게 되는데 결국 정신적으로는 양력으로 과세를 하고 나타나는 것으로는 음력으로 과세를 하게 되는 것이라 한다. 그리하여 결국 경제적으로는 1년에 한 번 밖에 과세에 돈이 들게 되는 것임으로 이중과세로 인하여 경제적으로는 아무렇지도 않다고 한다. 그리고 그는 항상 자신 모친의 뜻을 어기지 아니함으로 음력 정월이 되면 세뱃돈으로 약 5원가량씩을 5전짜리 백동전으로 바꾸어 매년 모친에게 드려 세배 오는 아이들에게 한 푼씩 주시도록 하는데, 오 박사는 내용과 형식을 갖추어 과세를 일원화하는 자신의 모친이 생존하여 계시는 동안에는

철저한 실현은 못 되고 있으며 또는 구태여 할 생각도 아니 가지고 있다고 한다. 하여간 양력 음력의 이중과세 또 기독교인에게 12월 25일의 크리스마스까지 합하여 2중, 3중의 과를 하게 되는 폐단은 시간상 물질상으로 보아 일원화할 필요가 있다는 것을 굳게 인식하고 있다 한다.

청년 의사에게
『朝光』, 1937. 1

내가 무슨 자격이 있어서 청년의사들에 감히 말할 수 있습니까. 혹 우리 학생이나 졸업생들에게라면 모르겠으나… 전일 우리 학교의 졸업생 대회에서 자기들의 성공담이 있었는데 그중에 어떤 이가 3층 양옥병원을 짓고 돈을 몇만 원 모았다고 할 때 나는 일어서서 반박했습니다. 성공은 그러한 것이 아니라고. 우리의 성공은 먼저 돈을 모았다고 하는 것보다 얼마나 조선 사람을 위하여 인술을 베풀었느냐가 중대한 점이라고 생각합니다.

돈을 버는 것으로만 성공이라고 생각하는 곳에 도리어 무리가 많고 또 결국은 돈 모으는 것도 실패하리라고 생각합니다. 우리 졸업생 중에 이모 씨가 있는데, 그는 학교에 와서 기독교의 수양도 받았습니다. 졸업 후 대개는 공의로 초청이 많아서 각 소읍과 만주에서도 청이 있으나 호수와 인구가 적다는 이유로 혹 가기 싫어합니다. 그러나 그 사람은 강원도 산읍에 남이 다 싫어하는 곳에 가서, 어떤 의사가 실패한 곳에 가서 성공했습니다. 그것은 남보다 정신도 다르고 따라서 그 방침도 달라서

약값은 경성서 가져온 원가에 2할을 받고, 빈민이 많은데 왕진은 자전거로 무료로 하는데, 그 대신 한 집에서 1년에 쌀 한 말씩을 받기로 했는데, 그것이 1년에 300석이 되었다고 합니다. 그러니 그것이 삼천 원이나 되지 않습니까. 결국은 경제적으로도 유리하게 되었습니다. 이런 것을 볼 때 우리는 과연 조선의 현장에서 인술로써 성공했다고 볼 수 있습니다. 참말 의사의 성공은 돈을 모으는 데 있지 않고 그 직책을 다하고 인도적 애정과 인격으로서 인술을 다했는가에 있다고 생각합니다. 사람의 아름다운 정과 정이 부딪히는 곳에 비로소 기름이 부어집니다. 청년 의사에게 혹 참고가 된다면 후필랜드 교수의 『의사로서 환자에 대한 의무』에서 몇 말씀만 소개하겠습니다.

하나, 부자의 황금보다 빈자의 두 눈에 혹 눈물이 있을 것을 더 중히 여겨라.
둘, 의사가 병자에게 대한 것은 수단이어서는 안 된다. 막연히 시험 삼아 하지 말고 매우 조심함으로 세밀하게 진찰하라.
셋, 항상 학술을 연구하고 병자의 신용을 받도록 유행을 따르지 말고 근거없는 말을 하지 말며 허망한 명예를 구하지 말라.
넷, 매일 주간에 진료한 것을 야간에 다시 상세하게 생각할 것. 그리고 이것을 집성하여 서책을 작성할 것.
다섯, 불치의 병자라도 환고를 원행하게 하며 생명을 보존하게 할 것은 의사의 할 일이다. 이를 방기하고 불원함은 인도에 배반된다.
여섯, 병자의 비용이 적도록 하고 설혹 명을 구하여도 그 생활을 탈취한다면 쓸데없으니 빈민의 사정을 자세히 살펴보라.

나의 세계
『朝光』, 1937. 11

벌써 육칠 년이 되었지요. 내가 양행을 하고 온 후에는 심경에 변화가 생겨서 어떤 때 어느 날을 무론하고 저녁 여덟 시면 자리에 누웁니다. 처음에는 잠이 잘 오지 않더니 나중에는 습관이 되어 잘 오더군요. 그래서 아침이면 자연히 일찍 깨게 됩니다. 그랬더니 건강에 여간 좋지 않아요. 아침이면 일찍 일어나서 화초에 물을 주고 마당을 쓸고 채소밭을 가꾸고 합니다. 날마다 눈이 아프니 배가 아프니 다리가 아프니 하고 이런 병자들의 괴로운 꼴만 항상 보는 나로서는 아침저녁으로 화초를 거두고 채소밭을 매고 하는 이런 전원적 취미가 여간 좋지 아니합니다. 우리 집은 800여 평이나 되어서 온갖 나무와 화초를 심었는데, 사람들이 백초원이라고 합니다. 사실 없는 나무가 없지요. 여름이면 더구나 꾀꼬리까지 와서 울기 때문에 나는 친구들을 보고 우리 집을 판다면 꾀꼬리 값까지 받아야 한다고 농담을 합니다. 더구나 내 서재는 독서헌이라고 하여 보잘것없는 방이나 그 앞에는 커다란 복숭아나무가 있어서 복숭아가 5~600개 달리고 지금은 한창 보기 좋게 익는 중입니다. 이 나무 아래서 의자를 놓고 내가 좋아하는 논어책을 가끔 꺼내어 재미있게 읽습니다. 그리고 가끔 명상도 하지요. 그러다 다시 옷을 벗어젖히고 호미를 들고 채소밭으로 나갑니다. 풀을 매고 북돋우고 속구고 물을 주고 아무 생각 없이 일하면 여간 유쾌하지 않습니다. 몸에도 좋고 밥맛까지 있어요. 그리고 꽃 중에는 노란 국화를 좋아하는데 저녁을 먹고 그 꽃을 들여다보며 무아무심 태에 있는 취미야말로 여간 좋지 않습니다. 여기에 나의 작은 세계가 있습니다. 나는 의사이지만 전원의 취미가 적지 않습니다. 지금 내 나이 60이라 얼마 아니하여 학교를 그만두는 날이면 경성 가까운 곳에 땅을 사서 농사를 하렵니다. 과수를 기르고 채소를 심고 기타 농사를 하며 유유히 지내렵니다. 그래서 지금 친구들에게 좋은 땅이 있으면 소개하라고까지 하는 중이지요. 참말 전원취미란 나의 제2의 세계입니다.

나의 1년 총결산: 성공과 환희의 금년
『朝光』, 1937. 12

금년 총결산 말입니까? 글쎄요 특별한 성공이 없습니다. 그러나 나는 반평생을 학교에서 지내었고 또는 밤낮 하는 일이 학교 일이라 성공이라면 역시 학교 일을 들지 않을 수 없습니다. 금년 우리 학교에서는 연래의 숙망이던 X 광선과에 일금 2만 원을 들여서 X 광선기를 샀습니다. 이 기계는 정교무비한 것으로 실로 이 방면에 중요한 보물입니다. 이런 기계를 사들여서 일반 병자에게 복음을 준 것은 여간 기쁜 일이 아니요, 따라서 자랑이오 성공이라고 아니 할 수가 없습니다. 이 외에 역시 일금 2만 원을 드려서 식당을 신설한 것도 기쁜 일이오 성공이라고 할 수 있습니다. 또는 학생들이 자치회를 만들어 풍기에 자중하게 한 것도 금년 내 성공의 하나이죠. 그러나 이와 반면에 실패도 없지 않습니다.

도연명이 노란 국화를 좋아한다고 하지 않았습니까? 내가 도연명은 아니지만 나 역시 노오란 국화를 좋아합니다. 그래서 9월이면 국화가 만개하고 또는 그 국화를 보는 것은 여간 기쁜 일이 아니죠. 그러나 금년엔 국화에 유충이 많이 생겨서 국화가 모두 피지 않고 찌부러지게 되어 여간 섭섭하지 않았습니다. 실로 금년 실패의 한 페이지로 돌리지 않을 수가 없습니다.

그분들의 가정 풍경: 4대가 한 집에 평화론 생활
『女性』, 1938년 6월호

금화장 어구에 들어서 오 박사 댁을 찾으니 열 두어 살 먹어 보이는 소년이 서슴치 않고 집을 가리킨다.
연옥색으로 새로 단장을 한 듯한 정문 이마에는 나란히 붙어있는 삼부자의 성함이 흰 옥돌에 유난히 떠오른다.
요모조모까지 않고 제멋대로 내버려 둔 넓은 정원에는 호향목 사이에 진분홍 진달래가 몇 그루 서 있고 사람 그림자가 보이지 않는 이 크나큰 집의 한나절은 몹시 괴괴하다.

오 박사: 자, 무슨 얘기를 하시겠소. 이리 들어오시오. (이렇게 인도하는 데는 사랑채인 모양이다.)
기자: 선생님만 뵐 것이 아니니까 안으로 들어갔으면 좋겠는데요. (안으로 들어가기 전에 오 박사는 집을 한번 전체로 구경시켜 주었다.)
오 박사: 윗집에 가볼까요? (조금 경사진 언덕 위로 파란 잔디를 밟고 올라가니 사방에 유리 분합을 얌전히 해 단은 정자 같은 새집이 또 한 채 있다.

여기는 오 박사의 어머님이 계시는데 큰 아드님 오한영 박사 내외분이 모시고 있고 아래채에는 작은 아드님 내외분을 데리고 오 박사가 계시다 한다.)

기자: 선생님 댁엔 4대가 한집안에서 사신다고요.

오 박사: 네. 그렇습니다. 위채에 내 어머님이 계시죠. 그리고 내 손자들이 또 있으니까요.

기자: 어머님께서 연세가 몇이십니까?

오 박사: 올해 78세이시죠.

기자: 아침저녁 문안을 드리신다죠?

오 박사: 네. 의례 아침에 올라가 문안을 드리고 또 저녁에 와서 옷을 평상복으로 갈아입고는 먼저 윗집에 올라갔다 내려옵니다. 일과로 돼 있을 뿐더러 또 시간이 되면 기다리고 앉으셨으니까요.

기자: 그럼 아래윗집이 식사는 어떻게 하시나요?

오 박사: 아래윗집이 따로따로 해 먹습니다. 그리고 점심만 여기서 해 올려 드리죠.

기자: 점심은 그럼 특별히 잘 차려 드십니까?

오 박사: 아니오. 별다른 것 없습니다.

기자: 생활양식에서는 양식을 절충하시지 않습니까?

오 박사: 네. 요리에 있어서 이따금 며느리가 양식을 만들어 주어 맛있게 먹죠. 그리고 아침엔 대개 토스트에 커피만 먹습니다.

오 박사: 그래도 아이들은 어디 그래요? 또 밥을 찾지요. 그래서 이마적에(: 이내) 밥을 지어요.

오 박사 부인: 사실 아침에 토스트가 그다지 좋지 못해요. 폐에도 나쁘고요.

★그★분★들★의★家★庭★風★景★

금화장(金華莊)어구에 들어서 오박사(吳博士)댁을 찾으니 얼푸어살어보이는 소년이 서슴지않고 집을 가리킨다.

연옥색으로 새로 회장을 한 통한 정문 이마에는 나란히 부패있는 삼부자(三父子)의 성함이 적혀 있어 눈난히 뵈인다.

명패도 내어 버릴줄 세이는 호상복들을 입어온 것 같이 인분은 진달래가 피여 무석지고 사람그림자가 보이지 안는 이 교자로집이 한나절은 몹시 괴괴하다. 주인 애기들과 오박사―사…

四代가 한집에 平和론 生活
質素와 勤儉으로 一貫하는
吳・兢・善・博・士・宅

(윗목에 앉은 오 박사 부인은 머리가 희끗희끗할 뿐 아니라 허리가 꼬부라지셨다.)

기자: 두 분의 연세가 퍽 차이가 나시죠. 아마!

오 박사: 다섯 살 차이죠. 나는 예순하나고 저 양반은 예순여섯이니까요. 예순여섯이라도 뭐 아직 안경도 안 쓰고 귀도 조금도 안 어둡다고 합니다.

기자: 두 분이 가끔 동부인해서 함께 나가십니까?

오 박사: 네. 이따금 잘 나가지요. 하지만 따라오지 못하고 자꾸 뒤에 떨어지니까 어디 자리가 있어야죠.

기자: 그전에 가끔 두 분이 다투어 보신 적이 있습니까?

오 박사: 그럼요. 잘 다투지요.(이 말씀이 떨어지자마자 윗복에서 웃는 낯을 하고 쳐다보던 부인은 소리 없이 웃으며, "없어요. 다투지 않아요" 과연 다툰다는 오 박사의 말이 웃음의 말씀이었던 게다. 어디까지나 어진 현부인 타입이고 무척 원만해 보였다.)

기자: 일요일이나 노는 날에 대개 무엇을 하십니까?

오 박사: 예배당에 갔다 와서 안양 고아원에도 가보고 그러죠. 어제는 미아리에 성묘를 하러 갔다 왔습니다. (고아원이니 양로원 등 이렇게 자선사업을 하시는 등 도무지 사생활에는 시간을 안 쓰고 오로지 공부로 봉사적 생활을 하시는 분임을 가히 알 수 있다.)

기자: 이따금 아래윗집의 가족이 한자리에 모여 즐기시는 때는 없으십니까?

오 박사: 보통 땐 없고요. 할아버지 같은 분의 제삿날이라든가 또 가족 중 누구의 생일 같은 걸 당할 때 한 자리에들 모이죠. 여기 애의 생일 때는 여기로 모이고 윗집의 누가 생일을 당하면 우리 식구들이 모두 윗집으로 올라가서 그날을 기념하지요.

기자: 자녀들 교육에는 대개 어떤 방침을 써오셨습니까?

오 박사: 이것이 구습인지는 몰라도 우리는 구속을 많이 해 길렀습니다. 지금 아래윗집 식구가 합해서 이십여 명이 되고 외손자 애들도 여기 공부하러 와있는 애들이 많지만 절대로 저이 맘대로 쓰라고 돈을 맡겨주지 않고 외출도 함부로 안 시키죠. 그리고 여아들은 번갈아 가며 일주일에 몇 번씩 부엌에 들어가 밥을 짓게 합니다.(어느새 나가 만들었는지 부인의 솜씨인 커피가 나왔다. "같이 드시지요"

오 박사: 웬걸요. 여자는 따로 가서 혼자나 먹는 거지 어디 남편 옆에서 먹는 건가? (시치미를 딱 떼시고 오 박사께서 이렇게 유머를 품고 하시는 말에)

오 박사 부인: 아유머니나! 남편 앞에서 못 먹으면 그럼 누구 앞에서 먹어요? (예순이 넘으신 분들이 건만 아직도 이렇게 윤택한 생활을 하시는 모양이다. 그리고 실은 허리가 꼬부라지고 얼굴에는 젊은 기운이 벌써 거둬지고 이제는 노쇠 그것만을 지닌 이 부인을 어딘지 모르게 오 박사께서는 무척 위하고 아끼시는 것이 엿보인다. 손님을 한번 청하면 안에서 몹시 수고하게 되므로 좀처럼 집에서는 대접을 안 하신다고 한다. 선생이 잠깐 볼 일이 있어 나가신 동안 부인하고만 이야기하는 시간을 가졌다.)

선생은 몹시 부지런하여 아침이면 식모가 일어나기 전에 일어나서 글을 읽으시고 또 천하없어도 조간이나 석간신문을 빼놓지 않고 그 여러 신문을 부지런히 다 읽어야 나가신다고 한다.

노는 날이면 망우리에 성묘하러 가고 또 경영하는 양로원이니 고아원엘 가보느라고 더 바쁘다고 한다. 소박함과 검소는 이 댁 생활의 철칙으로 그 귀한 따님들도 시집가기 전엔 향기 나는 크림이나 분이 얼굴에 올

오긍선 부모님의 회혼(回婚) 기념사진(좌측 첫 번째 오긍선)

라가 본 적이 없으며, 이에 따라서 가족 전체가 그러했다고 한다.

큰 며느리는 어 대신집 따님 작은 며느리는 윤치소 씨 따님 그러나 이 집 가문에 따라 모두가 검소를 일관한다는 것이다. 요즈음 세상에서는 도무지 볼 수 없을 만치 이처럼 생활의 내용이 소박하고 검소할 줄이야 누가 알 것이랴.

한 달에 육십 원만 수입이 있고 봐도 의례 양복장은 놓고 보고 여편네는 비단 치마쯤 걸쳐야 하는 줄 아는 게 오늘 세상의 형편이건만 오 박사 댁 안방에선 이런 걸 구경하지 못한다. 후락한 낡은 도배지의 어두운 방 안엔 놋화로 대신에 세 발 달린 청동화로를 본다. 옥색 옥양목으로 아래위를 입은 부인의 늘어뜨린 손을 보자 나는 잠깐 놀라지 않을 수 없다. 시골 농군 여인의 손인들 어찌 저다지 할까 보냐.

셋방 구석에서도 몸을 사리고 일하는 것을 업신여기는 얄미운 여인네들을 생각해봤다. 800평 되는 주택지에는 뒤에 자그마치 큰 채소밭을 두고 이 부인이 늘 이것을 지금도 손수 거둔다고 한다.

연세가 일흔을 바라보는 노인네이건만 일을 사랑하는 고치지 못할 버릇이 있어 잠시를 방 안에 그냥 앉아 있지를 못하고 또 흙을 아주 좋아하여 뒷밭에 나가서 심심하면 흙을 만지고 다룬다고 한다. 내용에 있어 이 얼마나 시 같은 생활을 하는 부인인가. 펄벅 여사가 지은 대지의 여주인공 아란을 생각나게 하는 분이다.

막내아들은 성대 법과와 문과를 나와서 지금은 대학원에서 연구하는 중이라 한다. 부인께 인사를 하고 나오려 하니 오 박사는 어느새 평복으로 갈아입고 윗집에 가 문안을 드리고 나오려는 길이다.

오 박사: 네. 좋은 시간을 가졌습니다.

뜰 앞에 핀 진달래꽃을 다시 보며 죽첨정 좁은 골목을 나섰다.

흘러간 30년 大京城의 변모(3)
- 30년간 경성을 지켜본 오긍선씨의 이야기

『매일신보』, 1940. 1. 4

합방 직후 근 30년 동안 감영 뒷골목에서 살아오며 발전해가는 서부 경성의 장엄한 모습을 빼놓지 않고 보아온 분 가운데 세전 교장 오긍선 박사를 죽첨정 2정목(충정로2가) 58번지 자택으로 찾으니 감개무량한 듯이 30년의 변천사를 다음과 같이 이야기하신다.

저 고려 말엽에 도선이라는 중은 금화산에 올라가 말하기를 "이 산 아래에 반드시 부촌이 생기리라"라고 예언한 일이 있다고 합니다. 모화관 거지 떼라는 말은 지금도 흔히 듣는 말이나 옛날에는 한 개의 대명사로 써왔으니까 모화관은 얼마나 거지 떼의 소굴이었는가를 짐작할 수 있습니다. 감영 앞 홍삼문만 지나면 집이라고는 그저 초가집들만 옹기종기 들어앉아 기와집은 찾아볼 수도 없었고 사람들도 대개가 말먹이 꾼들이었으며 현저정(현저동)이나 관동정(영천동)은 키 작은 소나무만 듬성듬성 깔린 산이오 언덕뿐이었고 독립문을 지나 녹번이 고개(북한산과 백련산 사이, 통일로가 가로지른 길로 '녹번이'는 조선시대 초기부터 조정의 고관들이 명절 때마다 가난한 사람들을 위해 녹봉의 일부를 이 일대 고개에 몰래 놓아둔 데서 붙여진 이름이다 - 필자)를 넘어서까지도 인가도 없고 있대야 납작한 주막집의 장명등이 드문 시골서 올라오는 장사치들의 다리를 쉬여주고 목을 축여줄 뿐이었습니다. 그리고 경성의 출입항인 감은돌(마포구 현석동에 있던 마을 - 필자)이나 마포로 가는 길도 유기전으로 유명하던 애오개서부터는 논과 밭 뿐이요 그 사이를 꼬불꼬불한 길이 뻗쳐있었던

것입니다.

　서소문 네거리에서 처음으로 혜천탕이라는 목욕탕이 생겨서 하도 사람들이 가지 않자 과자를 줘가면서까지 손님을 부르던 때도 있었습니다. 그때는 요릿집이라는 게 별다른 게 없었고 백목전다리(백목교, 옛 경기여고로 들어가는 길목에 놓여있던 돌다리-필자)의 장국밥집에 가서 장국밥 한 그릇 사 먹는 것이 다시없는 요릿집 출입이었지요.

　그러는 사이에 시위대가 아침저녁으로 북을 치고 문을 여닫던 감영의 문루도 헐리고 미결수감의 이층벽돌집이 처음으로 나타났고, 서대문경찰서와 적십자병원이 태어나면서 미국인이 조선에서 최초(실제로는 세 번째-필자)의 호텔을 경인 철도의 정거장 앞에다 짓고 이것을 외인구락부로서도 사용했습니다. 또 그 꿈도 흘러 얼마 지나지 않아 정부가 콜브란 H. Collbran과 보스트윅 H. R. Bostwick 씨와의 계약이 성립되자 흥화문 앞까지 밖에 오지 않던 전차는 감영 앞을 뚫고 석다리를 지나 압박골(영천, 금화초등학교 인근-필자)에 뻗치고 마포까지의 밭둑 길은 무너져버리고 선로가 깔렸습니다.

머리를 쪽지고 당혜를 신고 장옷을 입던 부인네도 가고 긴 담뱃대를 들고 나귀 타고 다니는 어른들도 갔습니다. 낡은 것은 새것으로 자꾸 바뀌어 가고… 무겁고 고요하고 은근한 것은 날카롭고 가볍고 밝은 것으로 변했습니다. 이것은 단 30년이라는 세월의 조화입니다. 저 도선의 말은 이조 500년을 지내고 경술국치를 거쳐 30년이 흐른 오늘날 그 예언에 어김없이 금화산의 꿈을 실현해 놓은 것입니다.

未來의 大學 總長의 大學 創設 雄圖
『삼천리』 제12권 제4호, 1940. 4. 1 대담

세브란스의전, 의회에서 법안 통과시 단과대학으로 발전
-대학 위치는 신촌 송림으로-
교장 오긍선과 대담

창립 연혁과 현재의 자본금

3월 6일 오전 9시, 서울역 앞에서 전차를 내려 세브란스연합의학전문학교를 찾아 교장 선생을 방문해 찾아온 목적을 설명하자, 오긍선 교장은 기자를 교장실로 안내했다. 기자는 테이블을 사이에 두고 앉아서 학교의 연혁부터 묻기 시작했다.

기자: 금년에 귀교 창립이 몇 해 되는지요? 연혁부터 얘기해 주시면 고맙겠습니다.

교장: 최초 본교가 창립되기는 한국 광무 3년(1899년)이었는데, 그보다도 훨씬 전, 즉 개국 493년(1884년)에 조선 최초의 기독교 선교사 H. N. 알렌 박사가 민영익의 생명을 구조해 주어서 당시의 국왕 대원군께서 사의를 표하는 의미로 제중원濟衆院이라는 조선 왕실 병원을 창설하고 알렌을 감독자로 세워 경영케 하였습니다. 그러던 것을 개국 503년(1894년)에 동 병원이 미국 북장로회 선교부로 운영권이 옮겨져서 경영케 되었으며, 일찍이 알렌과 같이 동 사업에 참여했던 에비슨 박사가 광무 4년(1900년)에 뉴욕시에서 개최된 에큐메니컬 선교사대회에 참석하여 병원 건축비 10,000불을 요청했는데, 그때 L. H. 세브란스 씨가 10,000불을 기부해서 병원 건축과 함께 학생을 모집하게 되었습니다. 그러나 〈조선교육령〉에 의해서 재단법인 사립세브란스연합의학전문학교로의 인가는 1917년 3월이었습니다. 그리고 1922년 2월에 새로 발포된 〈교육령〉에 의해서 다시 인가를 얻고 이전의 사립을 폐지하고 세브란스연합의학전문학교라고 개칭하게 됐는데, 동년 5월 15일을 본교의 개교기념일로 정했습니다. 그리고 본교 부속병원, 산파간호부양성소는 1924년에 조선총독부 지정을 받았습니다.

기자: 현재 귀교의 자본금은 얼마나 되는지요.

교장: 토지, 건물, 현금 기타를 합해서 3,000,000원 정도 됩니다.

단과대학 창설과 위치

기자: 신문 지상에서 보니 귀교가 연희전문 옆에 1,000,000평의 토지를 매수했다고 하며, 장래에는 다시 1,000,000평을 구입해 문과, 상과, 법과, 이과 등 우리나라 최대의 종합대학을 창설할 계획이라는데 그것이 사실입니까.

교장: 우리는 그런 의사를 발표한 일도 없고, 종합대학이라고는 아직 생각도 못 했는데, 신문에는 종합대학이라는 기사를 내보낸 모양입니다. 하지만 그것은 전혀 무근한 말이고, 공연히 우리가 실현하지도 못할 것을 사회에 발표케 해서 사회에 신용만 없게 만들어 놓을 뿐만 아니라 너무 과장되어 보기가 안 좋습니다. 현재의 우리 의학전문학교를 더 충실하게 하여 장차 단과 대학을 창설할 안은 세우고 있습니다.

기자: 단과 대학을 창설하신다면 몇 개년 계획을 세우십니까.

교장: 금번 전국 의학전문학교대회에서 문부성에 단과 대학으로 승격시켜 주도록 진정했고, 금번 의회의 교육심사위원회에서 그 진정이 통과되었다는데, 앞으로 더 지켜봐야겠습니다. 하여간 인가되는대로 우리 학교도 단과 대학으로 승격시킬 계획을 가지고 있을 뿐이고, 몇 개년 계획이라고 하는 것은 인가 여하에 따르게 되는데, 머지 않은 장래에 되리라고 믿어요.

기자: 단과 대학을 창설하신다면 몇 년제의 의과대학으로 하실 예정이신가요?

교장: 6년제의 의과대학으로 하려고 합니다.

기자: 위치는 현재의 위치와 건물을 그대로 사용하시렵니까. 혹은 다른 데로 옮기시렵니까. 현재의 위치는 부속병원을 가진 귀교로서는 너무 복잡 분주한 지대요, 공기도 나쁠텐데요.

교장: 좀 전에도 말을 했지만, 신문 지상에는 연희전문학교 곁에 1,000,000평을 샀으니, 또 앞으로도 1,000,000평을 사느니 한 것도 없는 말인데, 1,000,000평이면 평당 15원을 잡아도 15,000,000원이 아닙니까. 우리 학교의 전 재산을 합해도 3,000,000원 정도 밖에 안 되는데, 공연한 말들입니다. 하여간 지금의 위치는 우리도 좋다고 볼 수 없으며, 옮기게 되면 연희전문학교 곁인 신촌 송림 속으로 옮기려고 합니다.

연구실과 도서관

기자: 혹 귀교에서는 장차 자연과학연구소라든가, 이화학연구소 같은 것을 설치할 의향은 없으신지요?

교장: 의과대학을 세울 계획이니까 자연과학관이라든가, 이화학연구소 같은 것은 아직 계획하지 못했고, 그저 의학에 관한 연구실 만은 세우려고 합니다.

기자: 연구실 설치에는 얼마의 예산을 세우십니까.

교장: 200,000원으로 예산했습니다. 최소한 그렇습니다.

기자: 도서관을 세우실 의향은 없으신지요?

교장: 네, 도서관도 세울 계획입니다.

기자: 그것은 얼마나 예산을 세우시는지요?

교장: 만일 도서관을 설치한다면 1,500,000원 내지 2,000,000원을 예산하고 있습니다.

현재의 교세

기자: 지난달 22일에 귀교 이사회가 있었다는데 새로 이사 개선이 이루어졌나요?

교장: 금번 이사회 전까지의 이사는 서양인 11명, 조선인 측으로는 양주삼, 이영준, 고명우, 김준옥, 유억겸, 최동, 김의문 씨와 저까지 전부 19명이었는데, 금번 이사회에서 14명으로 축소하기로 결정했습니다. 아직 그 성명은 발표할 수 없으나 북장로회에서 1인, 남장로회에서 1인, 호주장로회에서 1인, 캐나다장로회에서 1인, 남감리회에서 1인, 북감리회에서 1인, 조선장로회총회에서 1인, 조선감리회연회에서 1인, 본교 동창회에서 1인, 본교 교장 1인, 부교장 1인, 그리고 사회 측에서 3인, 합 14인의 이사를 선출키로 하였습니다.

기자: 현재 귀교의 교수와 직원은 몇 분이신지요?

교장: 명예교장 O. R. 에비슨 박사 이하 교수가 16인, 강사 20인, 조교수와 조수가 26인, 기타 직원까지 합하면 전부 71명입니다. 그 중에 서양인이 6인, 일본인이 6인입니다.

기자: 학생은 전부 몇 명입니까.

교장: 200명입니다.

선교회와의 관계와 경상비

기자: 귀교와 선교회 본부와의 관계는 어떻게 되어 있습니까.

교장: 남장로회와는 이미 관계를 끊었고, 북장로회에서는 내년 3월 말까지 관계하고 손을 끊기로 하였습니다.

기자: 귀교의 1년 경상비는 얼마나 듭니까.

교장: 1년 경상비가 450,000원 정도외다.

기자: 귀교의 부속병원은 그 시설과 자금이 얼마입니까.

교장: 500,000원은 가겠지요.

기자: 여러 말씀 들려주셔서 대단히 고맙습니다.

자복 가정을 찾아서: 매 한대를 때릴지라도
그 까닭을 알게 하고… 육남매를 두신 오긍선 씨

『매일신보』, 1941. 1. 6

세브란스의전 교장 오긍선 씨의 자택을 죽첨정으로 방문했다. 그리 좁지 않은 정원을 앞으로 하여 깨끗하고 넓은 사랑으로 안내를 받아 들어가니 내가 무엇을 말할 사람이 될까 하시면서 학자 타입의 오 선생은 어디까지나 교육가다운 어조로 말씀하신다.

나의 자식들은 내 부모가 전부 양육을 하시다시피 했으니까 내가 따로 길러 본 경험은 별로 없습니다. 그러나 나는 내가 오늘날 교육가라는 입장을 떠나서라도 무엇보다 자식 된 자로서는 그 부모를 첫째로 알아야 한다고 생각합니다. 부모가 있고 난 뒤 자기라는 존재가 있다는 것을 알아야 합니다. 즉 그 근본 된 바를 알지 않으면 안 됩니다. 이렇게 말씀하시는 선생님의 온후한 얼굴에 정중한 빛을 엿볼 수 있었습니다. 그와 같은 의미에서 억지로 무리하게 그 자식을 지도하려고 하면 반드시 실패할 것입니다. 한 번 매를 들고 그 자식을 때릴 때 어찌하여 자기가 매를 맞는가를 알도록 해야 합니다. 그러므로 어느 때나 한번 나무라고 한번 매를 들 때라도 어찌하여 말을 듣게 되며 왜 맞는가를 잘 알린 다음에 매를

마저 맞도록 할 것입니다.

부모가 됨으로써 때려도 좋고 어떠한 말이 든지 해도 좋다고 생각해서는 안 됩니다. 타이르고 깨달음으로 비로소 거기에서 좋은 결과를 가져올 수 있는 것입니다. 그러므로 나는 그 자식이 벌써 나이 이십 세 이상이면 제 일은 제가 알아서 하도록 세세한 주의를 하지 않습니다. 즉 내버려 둡니다. 장성한 후 자식을 위한다고 하여 너무 지나치게 일일이 간섭주의로 나간다면 결국 반감을 일으켜서 도리어 좋지 못한 생각이 들어가게 되어 방황하는 그러한 태도를 갖게 되는 수도 있다고 보겠습니다.

둘째 아이가 여기 경성제국대학 법대와 문과를 나왔는데, 나는 그 아이를 보고 학자가 되기를 원했습니다. 학자라는 것은 호의호식하여 편안하고 안일한 생활을 하는 것이 아니고 어느 때나 근검하고 검소하여 참으로 학문을 위하여 자기라는 작은 존재를 바치는 그런 것이어야 한다고 항상 말했던 것인데, 저도 그런 생각이 있어서 그런지는 몰랐어도 그 방면으로 나가려고 했었습니다. 그러던 것이 어떤 사정이 있어서 그만 중단을 하고 지금은 아주 학자와는 거리가 먼 딴 사업을 하고 있습니다마는 하여간 자식 된 사람으로서는 그 부모를 존경하고 공경해야 할 것은 물론이거니와 부모 된 분도 억지로 무리하게 그 자식을 자기 마음에 들도록 할 것만이 아닌 줄로 생각합니다. 그리고 내가 학교에 적을 두고 있는지가 28년이나 되는데 지금에 일반 청년들의 경향을 볼진대 학문적으로는 향상했다고는 볼 수 있을지 모르나 질적으로 보아 대단 빈약하다고 봅니다. 왜 그러냐 하면 자기가 연마하는 수양이 부족하다고 보겠습니다. 즉 윤리와 도덕이 부족하다고 보겠습니다. 좀 더 이 방면에 눈을 떠 가지고 좋은 일을 많이 하도록 노력해야 합니다. 이렇게 말씀하실 때 손님 두 분이나 오셔서 그만 자리를 일어섰습니다마는 선생님은 처음부터 끝까지 어디까지나 교육가만이 가질 수 있는 좋은 교훈적 말씀을 많이 들려주셨습니다.

에필로그

해관 오긍선은 일제 강점기 세브란스의학전문학교의 제2대 교장이었다. 초대 에비슨 교장 시절부터 시작된 한국의 서양의학 수용은 동역자였던 오긍선을 통해서 정착되었다. 에비슨은 교장직을 한국인인 오긍선에게 물려주었고, 한국인으로는 첫 교장이 된 오긍선은 에비슨에서 시작한 세브란스의 근대의학을 한국 땅에 정착, 발전시킨 현대의학의 선구자였다.

많은 공적에도 불구하고, 오긍선의 일대기는 40년 전에 나온 『海觀 吳兢善』(1977)이 전부였다. 해관 오긍선선생 기념사업회는 오긍선의 업적을 새로운 시각에서, 또한 풍부한 자료를 동원하여 일반인들이 알 수 있는 전기가 필요하다고 생각하였고, 그 작업을 사학과 김도형 교수를 통하여 연세학풍연구소에 의뢰하였다. 연세대학교 의과대학 피부과학교실이 만들어진 100주년이 되는 2017년을 기념하는 작업이었다. 의뢰를 받은 지 5년이 지나 이제 이 책을 편찬하게 되었다.

이 책의 작업은 당시 국학연구원 원장 겸 연세학풍연구소 소장인 김도형 교수의 책임하에 연구소의 전임연구원인 정운형 박사가 자료 수집 및 집필 등 모든 일을 담당하였다. 첫 작업으로 김도형 교수가 피부과 100주년 기념회에서 「세전 교장 오긍선의 의료계몽과 대학 지향」이라는 논제를 발표하였고, 그 이후의 모든 작업은 정운형 박사가 맡았다. 정 박사는 연세대학교 신과대학에서 언더우드를 주제로 박사학위를 받았고, 초기 선교사의 문서를 누구보다도 광범하게 취급하고 있었다.

오긍선 선생의 연보年譜를 확인하기 위해 사회복지법인 해관재단에서 운영하는 좋은집, 가족묘지가 있는 망우리 공원, 군산, 목포를 여러 차례 방문했다. 동시에 연세대학교 학술정보원, 의과대학 의사학과, 피부과학교실에 있는 관련 자료를 수집했다. 해관의 증손에게 『海州吳氏楸灘公派世譜』(1961, 1979)와 귀중한 사진을 여러 장 받았으며, 군산대학교 구희진 교수와 구암교회에서 개항기의 군산 선교지회station 자료 및 오인묵 부자의 활동을 확인할 수 있었다.

해관의 배재학당 시절과 미국 유학 관련 자료는 서울대학교 중앙도서관, 한남대학교 인돈학술원, Kentucky Historical Society에서, 의료선교사 및 세브란스의전 교수 시절, 은퇴 이후 활동 자료는 연세대학교 학술정보원 국학자료실, 의과대학 의사학과, Presbyterian Historical Society, 대구대학교 박물관, 한국기독교역사연구소, 새문안교회 사료관 등에서 도움을 받았다. 또한, 해관의 외손녀인 최숙경 선생(전 이화여대 교수)은 자료의 검증과 사진 확인에 도움을 주셨다.

자료를 모으고 전기를 쓰면서 오긍선 선생이 사회의 변화 및 서구 문명을 대하는 자세와 미국 유학을 주선한 선교사들의 정황을 자세히 살피려고 했다. 오긍선 선생이 조선총독부가 공포·시행한 법령에 반발해, 교수를 그만두고 개업의가 되려고 한 것을 확인하면서, 이를 입증하는 자료를 찾는 기쁨을 맛보았다. 지정학교 지정을 받아내기 위해 관계 기관과 교섭을 벌여, 세브란스 의전 졸업생이 관립 의학전문학교 졸업생과 같은 효력을 가진 의사자격증을 받을 수 있게 했다. 한편, 교수로 재직하는 동안 의학 지식을 대중에게 알리기 위해 노력했으며, 소외된 이웃을 돌보는 일을 시작했다.

오긍선 선생은 격동과 파란의 시기에 의료선교사, 의사, 교육자, 고아들의 아버지로서 살았다. 한국의 근대의학을 선도하는 삶에서 어쩔 수 없는 선택으로 오점을 남기기도 했다. 그에게는 '친일'이라는 심연深淵의 그림자가 드리워져 있다. 하지만 그는 권력의 주변을 서성이지 않았으며, 더더욱 자신의 행적을 변명하지도 않았다. 좋은 게 좋다는 식으로 자신의 안락한 삶을 위해서가 아니라, 자강自彊을 위한 길을 가기 위해 조선총독부의 요구를 들어주었다.

이 책이 나오는 데는 많은 분의 도움이 있었다. 무엇보다도 오긍선 선생의 전기를 집필하도록 배려해주신 해관 오긍선선생 기념사업회 방동식 이사장님과 전임 이성낙 이사장님, 그리고 많은 자료와 정보를 주신 후손들께 먼저 감사드린다. 또 연세대학교 의과대학 피부과학교실 100주년 사업을 필두로 전기 집필에 이르기까지 세심하게 계획하고 도움을 주신 피부과학교실의 이민걸, 정기양, 이주희, 김도영, 박창욱 교수님, 김이숙 님께도 감사를 드린다. 구성 과정에 도움을 준 김은정 선생, 군산 길을 동행한 여선암 기자, 독립문 기공식 당시 유인물 자료를 제공한 김연갑 선생과 서재필기념사업회, 삼문출판사 사진 자료를 제공한 옥성득 박사 등 모든 분께 심심한 감사를 드린다. 마지막까지 좋은 책 모양으로 만들어 주신 역사공간의 편집진께도 인사를 드린다.

해관 연보

참고문헌

사진목록

찾아보기

해관 연보

1878   10월 4일, 충남 공주에서 태어나다.

1885   공주군 우성면 어천리로 이사하다.

1886   이당진서당李唐津書堂에서 한문공부 시작하다.

1892   박현진과 결혼하다.
　　　이후서당李樺書堂에서 한학을 공부하다.

1894   10월, 동학농민전쟁 시 군산으로 피난하다.

1896   내부 주사로 등용되다.
　　　10월, 관직을 사임하고 배재학당에 들어가다.
　　　12월, 협성회 창립 일원으로 참여하다. 배재학당 크리스마스 행사에 참석하다.

1897   아펜젤러에게 세례를 받다.
　　　스테드먼 선교사를 찾아가다.

1898   1월, 협성회 서기로 선임되다.
　　　5월 11일, 장남 한영이 태어나다.

1899   1월, 스테드먼 선교사 집으로 피신하다.

1900   봄, 배재학당을 졸업하다.
　　　스테드먼 선교사의 한글 선생 겸 조사가 되다.

1901   초, 불 선교사의 한글 선생 겸 조사가 되다.
　　　2월 21일(음력), 장녀 성순이 태어나다.

       5월, 헌의서(오긍선 외 6인 연명) 제출하다.

1902   소학교에서 읽기, 쓰기를 가르치다.
       12월, 알렉산더의 한글 선생을 하다.

1903   2월, 미국으로 유학을 떠나다.
       3월, 켄터키 센트럴대학교(CUK)에 입학하다.

1907   켄터키 센트럴대학교 의과대학(현재 루이빌의과대학교)을 졸업하다.
       미국 의사 자격을 취득하다.
       8월, 미국 남장로회 의료선교사로 귀국하다.
       9월, 군산 예수병원에 부임하다.

1908   아버지 오인묵, 궁말교회 장로로 선출되다.
       6월 5일(음력), 2녀 기순이 태어나다.
       9월, 안락소학교(구암초등학교 전신)를 설립하다.
       11월, 목포 예수병원장으로 부임하다.

1909   5월, 군산 예수병원장으로 부임하다.
       영명학교(군산제일중고 전신) 교장직을 수행하다.
       12월 26일(음력), 3녀 삼순이 출생하다.

1911   8월 14일, 2남 진영이 태어나다.
       9월, 목포 예수(프렌치)병원장으로 부임하다.
       목포 영흥중학교 교장직을 수행하다.

1913   5월, 세브란스병원의학교로 파견되다.

1914   10월, *The Korea Mission Field*에 "Important Ideas in Korean Schools from the Korean Standpoint"를 발표하다.

1915   5월 3일, 둘째 여동생 현관이 언더우드 Horace G. Underwood의 주례로 새문안교회에서 결혼하다.

1916   일본 의사자격증 취득하다.
       4월, 동경제국대학 의학부에 들어가 피부비뇨기과학을 연구하다.

1917	5월, 일본에서 귀국해 세브란스의학전문학교 내에 피부과를 신설하고 과장 겸 주임교수로 임명되다.
1918	1월, 토요구락부를 조직하다.
1920	1월, 경성고아구제회에 참여하다. 3월, 세브란스의전 학감이 되다.
1922	2월, 학칙을 개정해 연구과, 선과, 별과를 신설하고 수련의제도를 시도하다. 5월, 재단법인 경성보육원 이사로 참여하다.
1923	3월, 세브란스 학생 규칙을 제정해 학풍을 세우다. 교수회 규정, 도서관리 규정, 장학금 규정 등을 각각 제정하다. 세브란스의전을 무시험 개업할 수 있는 문부성 지정학교가 될 수 있도록 교섭하다. 장남 한영이 세브란스의전을 졸업하고 미국 에모리대학에 유학하다. 12월, 폐창운동을 시작하다.
1924	9월, 세브란스병원 구내에 경성부민기념 전염병실을 착공토록 주선하다(준공: 1926년 8월).
1927	2월, *The Korea Mission Field*에 선교기관이 운영하는 병원의 한국 이관을 촉구하다.
1928	10월, 세브란스 항결핵회를 창립하고 위생학교실을 신설하다.
1929	9월 6일, 의료선진국 미국, 캐나다, 영국, 프랑스, 스위스, 체코슬로바키아, 이탈리아, 오스트리아, 러시아 등을 답사하다.
1930	2월, 오스트리아의 빈 대학에서 피부비뇨기과학을 연구하다. 5월 14일, 시베리아를 거쳐 귀국하다. 10월, 세브란스의전 부교장이 되다.
1931	1월, 세브란스재단 이사로 피임되면서 홍석후, 최동 등 졸업생 대표도 참여시키다.

1932   1월, 조선나병근절책연구회 연구위원
        미성년자끽연금지운동을 전개하다.

1933   6월, 세브란스 교직원, 졸업생, 사회 유지들로 세브란스 후원회를
        구성하다.
        9월, 부친상, 망우리에 가족 묘지에 모시다.
        12월, 경성양로원 이사장·원장에 취임하다.

1934   4월 17일, 제2대 세브란스 교장으로 취임하다.
        세브란스의전이 일본 문부성 지정학교로 승격되다.

1935   4월, 기초학 연구실을 완공하고 약리학 교실을 독립시키다.
        12월 2일, 에비슨 명예교장을 전송하다.
        12월 14일, 미성년자금주금연법실시운동촉성회 집행위원

1936   4월, 조선결핵예방운동 전개
        9월, 안양에 보육원 부지 6만 1천여 평을 매입하여 기숙사 및 편
        의시설 신축하다(신촌 농장 매각).

1937   3월, 세브란스 직제와 사무규정을 제정해 사무체계를 세우다.
        「세브란스 교우회지」에 의사의 윤리관을 발표하다.
        6월, 명예 이학박사(루이빌대학), 명예 법학박사(켄터키 센트럴대학교)
        학위를 받다.
        12월, 청년 학도들이 지켜야 할 10계명을 창안하여 「學海(학해)」에
        발표하다.

1938   11월 20일, 모친상, 망우리 가족묘지에 모시다.

1941   9월, 교수 정년제(65세)를 제정, 은퇴를 준비하다.
        12월, 1942년도 졸업생 49명을 조기 졸업시키다.

1942   1월, 일제에 의해 세브란스의전 교명이 아사히의전旭醫專으로 바
        꾸다.
        8월, 이영준에게 교장 사리를 물려주고 명예 교장으로 추대되다.
        안양기독보육원장에 취임하다.

1945	4월 29일, 아내 박현진이 별세하다.
	11월 10일, 새로 창립된 조선피부비뇨기과학회 명예회장으로 추대되다.
1946	3월, 재단법인 경성보육원과 재단법인 경성양로원을 병합하다.
	5월, 한국사회사업연합회가 발족하여 이사장에 추대되다.
	대한성서공회 이사로 선출되다.
1948	4월, 대한기독교서회 이사로 선임되어 기독교 출판 사업에 참여하다. 사회사업연합회 이사장으로 재선되다.
1949	2월, 미국기독교아동복리회The Christian Children's Fund 회원으로 가입하다.
	3월, 보육원 부지(경기도 안양) 7만여 평을 매수하다.
	5월, 사회사업공로 표창을 받다.
1950	2월, 대한성서공회 이사장, YMCA 이사로 선출되다.
	10월, 장남 한영이 보건부 장관에 임용되다.
1951	1월, 부산으로 피난, 가덕도로 기독보육원 원아들을 피난시키다.
	구황실재산관리총국장에 위촉되다.
	서울여의대女醫大 재단이사로 추대되다.
1952	2월, 사회부장관으로부터 두 번째로 공로 표창을 받다.
	3월, 대한기독교서회 이사장(이후 6회에 걸쳐 이사장에 피선), 한국사회사업연합회 회장으로 선출되다.
	4월, 보건부 장관에 재임 중이던 장남이 피난지에서 고혈압으로 쓰러져 타계하다.
	9월, 보육원을 안양으로 옮기고, 보육원 재건에 착수하다.
1953	관직에서 물러난 차남 진영에게 보육원 이사장직을 넘기고 원장 자리를 맡다.
1954	5월 15일, 세브란스의과대학에서 개교 70주년 기념 공로 표창을 받다.

	10월, 보육원 부설 의무실을 설립하여 원아들의 건강관리를 돌보다.
1955	6월, 서울특별시장의 시민 보건위생 공로 감사장을 받다.
	10월, 보사부장관으로부터 사회사업 공로 표창을 받다.
	11월 19일, 대한의학협회로부터 의학교육 공로상을 받다.
1957	2월, 경기도지사로부터 사회사업 공로 표창을 받다.
	4월, 대한기독교서회 이사장에 6회째 피선되다.
1961	4월, 건군 교육에 끼친 공로로 육군대학 총장으로부터 감사장을 받다.
1962	3월, 연세대학교에서 명예 법학박사 학위를 받다.
	8월, 정부로부터 공익포장을 받다.
	11월, 새싹회의 소파상을 받다.
1963	5월 18일, 86세를 일기로 서울 은평구 대조동 15-77 자택에서 서거하다.
	5월 22일, 연세대학교 의과대학장으로 영결식이 거행된 후 가족묘지에 안장되다.
	8월 15일, 정부로부터 최고 공로상인 대한민국장이 추서되다.
1964	5월 17일, 1주기 추도식과 함께 묘비가 세워지다.
1968	9월, 기독교출판문화사업에 이바지한 공로로 대한기독교서회 명예이사로 추대되다.
1977	10월, 기념사업회 발족 및 첫 학술강연회가 열리다.
1985	연세대학교 의과대학 창립 백주년기념사업의 하나로 오긍선 동상이 제막되다.
1998	2월 27일, 망우묘지 공원 내 우리나라 현대의학 발전을 이끈 선구자로서 연보비 제막식이 거행되다.

참고문헌

Agreement between the Korea Government and the Pai Chai College, Feb. 16, 1895.

Annual Report of Board of Foreign Missions of the PCUSA, 1895~1909.

Annual Report of the Missionary Society of the Methodist Episcopal Church, 1897~1905.

Avison, Oliver R., *The Land of Morning Calm*, Taegu University Press, 1988.

Avison, Oliver R., "Comity in Medical Missions," *Ecumenical Missionary Conference New York, 1900*, New York: American Tract Society, 1900.

Catalogue Severance Union Medical College, 1917, 1918, 1925.

Central University of Kentucky Record, 1903~1908.

Nisbet, Anabel Major. *Day in and Day out in Korea*, Richmond, VA.; Presbyterian Committee of Publication, 1920.

Reports of the Southern Presbyterian Mission, 1903~1910.

Severance Hospital and Medical College Background Papers, 1914~1933.

Severance Hospital and Medical College Financial Records, 1920~1933.

Severance Hospital and Medical College Minutes, 1919~1941.

Severance Hospital and Medical College Reports, 1913~1932.

The Baptist Missionary Magazine, Vol, 81, No. 11, Nov., 1901.

Gospel in All lands.

Kentucky Medical Journal.

The Korea Mission Field.

The Korean Repository.
The Minutes of the Council of Missions in Korea.
The Missionary.
The Presbyterian of the South.
『セブランス聯合醫學專門學校一覽』, 1928, 1931~1934, 1936.
『구암교회 당회록』 제2호.
『새문안교회 당회록』 데2.
『朝鮮總督府 官報』.
『財團法人 京城保育院一覽』, 1949.
「財團法人 京城養老院 國有林野賣却許可ノ件」, 昭和12年4月3日.
朝鮮人事興信錄編纂部, 『朝鮮人事興信錄』, 昭和10年.
朝鮮總督府 內務局 社會課, 『社會事業要覽』, 大正12年, 昭和4年.
朝鮮總督府 學務局 社會課, 『社會事業要覽』, 昭和8年, 昭和11年.

『共立新報』.
『家庭之友』.
『대조선독립협회회보』.
『대한매일신보』.
『독립신문』.
『東光』.
『東亞日報』.
『매일신보』.
『三千里』.
『新東亞』.
『醫協新報』.
『朝光』.
『朝鮮日報』.
『中央日報』.

『대한크리스도인회보』.
『죠션크리스도인회보』.
『한국일보』.
『世富蘭偲校友會報』.
『협성회회보』.
『培材 百年史: 1885~1985』, 1989.
『연세대학교사』, 1965.
『梨花八十年史』, 1967.

Railey, William E., *History of Woodford County, Kentucky*, Baltimore, Maryland: Genealogical Publishing Com, 1938.
金道泰,『徐載弼博士自敍傳: 韓末史를 中心으로』, 首善社, 1948.
오긍선기념사업회,『해관 오긍선 海觀 吳兢善』, 연세대학교출판부, 1977.
이만열, 옥성득 편역,『언더우드자료집 Ⅲ』, 연세대학교출판부, 2007.
이만열,『한국기독교의료사』, 아카넷, 2003.
朱耀翰,『安島山傳書』, 흥사단출판부, 1999.
海觀吳兢善記念事業會 編,『海觀吳兢善』, 延世大學校出版部, 1977.

Kentucky Historical Society, "Alexander Family of Woodburn Farm, Woodford County, Kentucky," *Kentucky Ancestors* Vol.45, No.1, Autumn, 2009.
Paik, Lark-June George, "The History of Protestant Missions in Korea 1832-1910," *Dissertation of Yale Uni. for Ph. D.*, 1927.
김도형,「세전(世傳) 교장 오긍선의 의료 계몽과 대학 지향」,『學林』제40집 (2017. 8).
김영수,「근대일본의 의사면허의 변천: 의제부터 의사법까지」,『延世醫史學』 Vol.16 No.1, 2013.
愼鏞廈,「萬民共同會의 自主民權自强運動」,『韓國史研究』제11호, 1975. 9.

윤은순, 「일제 강점기 기독교계의 공창폐지운동」, 『한국기독교와 역사』 제26호, 2007.

윤의경, 「나의 시아버님 - 오긍선 박사」, 『새가정』, 1977. 12.

이만열, 「한국기독교의 사회사업」, 『교회와 신앙』, 1997. 3.

정운형, 「박서양의 간도 이주와 활동」, 『延世醫師學』 Vol.21 No.1, 2018. 4.

조계원, 「대한제국기 만민/관민공동회(1898)를 둘러싼 국왕과 독립협회의 갈등」, 『담론 201』 19(2), 2016.

한규무, 「경성보육원의 설립과 운영(1915~1945)」, 『향토서울』 79호, 2011.

사진목록

함양척화비 ⓒ 정운형

『독립신문』 한글판과 영문판 ⓒ 한국언론진흥재단

배재학당 현판 ⓒ 배재학당박물관

초기 배재학당의 모습 ⓒ 한국민족문화백과

삼문출판사(옥성득 제공)

삼문출판사의 주요 간행물

오긍선이 쓴 논설(협성회회보, 1898. 3. 12, 연세대학교 학술정보원 제공)

독립문 기공식장에서 배포된 유인물(김연갑 제공)

독립문 기공식(서재필기념관 제공)

불 선교사 가족사진(1915, PHS)

스테드먼 선교사 가족(침례신문사 제공)

A. J. A. 알렉산더(1920) ⓒ Kentucky Historical Society

오인묵이 알렉산더에게 보낸 편지(1903. 9. 18) ⓒ Kentucky Historical Society

대학 시절의 알렉산더(1889) ⓒ Kentucky Historical Society

켄터키 센트럴대학 본관(1905, *CUK Record*)

오긍선이 공부한 의과대학(1905, *CUK Record*)

켄터키 센트럴대학교 세이어도서관(1905, *CUK Record*)

미국 유학 시절의 오긍선

서재필의 의대 졸업사진(서재필기념관 제공)

김점동과 박유산(1899, *Gospel in All lands*)

언더우드 선교사(1908, *The Missionary*)

언더우드타자기 광고(연세대학교박물관 제공)
남장로회 7인의 개척선교사(1920, *Day in and Day out in Korea*)
군산 선교지회(1899) ⓒ 종걸스님
일제에 의해 변모하는 군산(군산항 개항 10주년 기념엽서) ⓒ 종걸스님
의료선으로 이용한 황포 돛단배(1901, *The Missionary*)
군산 예수병원(1909, *The Missionary*)
목포 왓킨스 아카데미(1909, *The Missionary*)
군산 영명학교(1919, 구암교회 제공)
군산 안락소학교(1909, *The Missionary*)
목포 예수병원(1920, *Day in and Day out in Korea*)
왓킨스의 오긍선(1909, *The Missionary*)
「제중원 1차년도 보고서」(1886, 등록문화재 제447호)
세부란씨병원 개원식 초청장(1904) ⓒ 동은의학박물관
세브란스로의 전임 기사(1913. 7. 23, *The Presbyterian of the South*)
목포 일요학교와 오긍선(1912, *The Missionary*)
세브란스연합의학교 교수진과 졸업생(1917, 세브란스의전 졸업앨범)
오긍선의 해부학 강의(1921, PHS)
오긍선의 임상강의 모습(1935, 세브란스의전 졸업앨범)
오긍선이 의료선진국 시찰 시 사용한 여권(1930)
오긍선 박사 귀국 기사(『매일신보』, 1930. 5. 16)
환자를 진료하는 오긍선(1933, 세브란스의전 졸업앨범)
비뇨기과 진료(1933, 세브란스의전 졸업앨범)
오긍선의 영문 서명(1931, PHS)과 한자 서명(『조선중앙일보』, 1933. 7. 1)
에비슨의 세브란스 교장 집무실(1917) ⓒ 연세대학교박물관
축구선수와 함께 한 오긍선 교장(1938, 세브란스의전 졸업앨범)
오긍선 교장의 집무 모습(1936, 세브란스의전 졸업앨범)
폐창운동 관련 기사(『매일신보』, 1923. 12. 17)
동창의학강습회(1936)

통속의학강연회 리플릿(1937) ⓒ 동은의학박물관

언더우드 큰형 존 T. 언더우드(연세대학교박물관 제공)

연세종합대학 건설 계획 기사(『동아일보』, 1940. 2. 15)

세브란스연합의학전문학교 간판

세브란스의전 기본계획도(사본, 동은의학박물관 제공)

부츠의 모금으로 신축된 치과 진료소(1931, 세브란스의전 졸업앨범)

아사히의전 간판을 거는 오긍선 교장(『매일신보』, 1942. 2. 3)

김병찬 장로(정인욱복지재단 제공)

처음 수용된 고아들과 함께(1920. 11. 1)

경성고아원(1920, *Korea Mission Field*, 연세대학교 학술정보원 제공)

윤비를 모시고(1952. 9. 19)

회갑기념 가족사진(1938, 세브란스 교정)

안양보육원 내 교회당(1961)

성탄절에 보육원 가족과 함께(1959)

소파상 수상(1962)

오긍선의 가계도

명예박사 학위 수여(『매일신보』, 1937. 7. 6)

청년시절의 해관(1902~1907년경)

오긍선 부모님 회혼(回婚) 기념사진

찾아보기

ㄱ

간호부양성소 94
갑오개혁 18
강경 43
개화파 20, 36
결핵요양원 140
경성고아구제회 156
경성고아원 156
경성공업경영전문학교 142
경성보육원 105
경성양로원 158
고명우 149
고종 13
공주 13, 43
공창제도 125
공창 폐지 운동 128
과거제도 19
관립병원 85
관립의학교 88, 144
광주 63, 72
구암 64
구암교회당 76, 80
구영숙 169
구황실 사무청 170
군산 17, 43, 63

군산 예수병원 76, 79
금란계 161
김배세 95
김병찬 105, 157
김점동 55
김필순 98

ㄴ

나주 70
남궁억 39
남궁혁 74
남대문교회 156
내부(內部) 19

ㄷ

다니엘(Thomas H. Daniel) 67, 68, 79
대한의원 78
대한제국 36
더글라스 에비슨(Douglas B. Avison) 120
독립문 36, 37
독립협회 26
동인회 85
동창의학회 131
동학 17
드루(Alessander D. Drew) 46, 64

ㄹ

레이놀즈(William D. Reynolds) 63, 64
로제타 홀(Rosetta S. Hall) 56
루이빌대학 107

ㅁ

마틴(Julia A. Martin) 73
만민공동회 38, 39, 41
매일신문 31
메이슨클럽 161
목포 63, 70
목포 예수병원 82
목포진료소 71
문화정치 150
미국 남장로회 18, 97
미국 북감리회 여선교회 56
미국 북장로회 선교부 91

ㅂ

박서양 98
박현진 16
반버스커크(James D. Van Buskirk) 100, 118
방면위원제도 150
방정환 190
배재학당 20, 23, 25, 41
버드맨(Ferdinand H. Birdman) 72
벙커(Dalziel A. Bunker) 78
베너블(William A. Venable) 72
보구여관 56
부산 14
부츠(John L. Boots) 147
불(William F. Bull) 44
빈튼(Charles C. Vinton) 90

ㅅ

사회사업 156
삼문출판사 20, 28
색동회 190
서재필 20, 51
선교병원 85
세브란스(Louis H. Severance) 92
세브란스병원의학교 84
세브란스연합의학교 88, 97
세브란스의 백과사전 100
세브란스의학전문학교 137
소파상 187
순천 63
쉐플리(William J. Scheifley) 147
쉴즈(Esther L. Shields) 94
스테드먼(Frederick W. Steadman) 41, 42, 75
스트래퍼(Fredrica E. Straeffer) 71
신촌 140
신흥우 39

ㅇ

아관파천 20
아사히(旭)의학전문학교 142
아펜젤러(Henry G. Appenzeller) 24

안락학교 80
안양 158
안양기독보육원 169, 187
알렉산더(Alexander J. A. Alexander) 47, 67, 76
알렌(Horace N. Allen) 51
앤더슨 149
앳킨슨 기념병원 68, 76
양홍묵 36
언더우드(Horace G. Underwood) 18, 60
에메틴 사건 108
에비슨(Oliver R. Avison) 18, 44, 51, 90
에큐메니컬 선교대회 92
엘라씽기념선교회 44
연희전문학교 118
영명학교 81
영친왕 172
영흥학교 73, 83
오웬(Clement C. Owen) 71
오인묵 15, 69
오한영 107, 166, 167
오현관 69
올링거(F. Ohlinger) 29
왓킨스 아카데미 74
원한경(Horace H. Underwood) 149, 157
유니언교회 42
유진 벨(Eugene Bell) 70
육영공원 20
6·25선생 164

윤비(尹妃) 171
윤일선 124
윤치호 27, 38, 61
을미참변 20
의료선교사 59
의사면허 96
이당진서당 16
이상재 38
이승만 26, 39, 167, 168
이영준 135, 145
이용설 154
이원직 158
이윤영 160
이종진 180
이중철 146
이토(伊藤博文) 78
이후(李㷞) 19
일요학교(Sunday school) 73
임오군란 14

ㅈ
자혜의원 85
전도부인 56
전주 63
전킨(William M. Junkin) 61, 66
정교 36
정구충 154
정년제도 153
전명여학교 73
제물포항 14

제중원 18, 60, 93
제중원의학교 91
조선총독부의원 85
존슨(Cameron Johnson) 63
종합대학 137
좋은집 156, 181
주시경 26
지정학교 123
진료소 64

ㅊ
척화비 14
청일전쟁 60
최동 149, 162
최명학 145
최숙경 186
최영규 172
최재유 184
침례교 42

ㅋ
켄터키 센트럴대학교(Central University of Kentucky) 50

ㅌ
테이트(Lewis B. Tate) 63
톈진조약 17
토요구락부 105
통속(通俗) 의학 133

ㅍ
포사이드(Wiley H. Forsythe) 68
프레스톤(John F. Preston) 72
피부과학 51
피부비뇨기학 104

ㅎ
한성의사회 108
해리슨(William B. Harrison) 67, 77
해송고등학교 181
허스트(Jesse W. Hirst) 94
헌의서 45
헤론 90
헤이(John E. Hays) 51
협성회 31, 32
협성회회보 26, 31
홍석후 98
화류병(花柳病) 125
황국협회 38